図説 武器術

Zusetsu Bukijyutsu

はじめに

先に出版した図説シリーズ『図説柔術』『図説武術事典』『概説武芸者』の3作は、幸いにいずれも好評を得た。本書は、著者が手がける同シリーズの4作目である。世には、さまざまな武器が遺されているが、その千変万化の使用法を知る者は至って少ない。単純な戦闘法は誰でも想像がつくが、武術として昇華した技法は師から弟子へと伝えられる伝承文化であり、習得には長い年月を必要とし、門外漢はその真実を知ることができない。

著者は10代のころから日本と中国のさまざまな武術を修行し、研究を重ねてきた。さまざまな武器についての使用法も心得ている。まだまだ修行途上ではあるが、浅学非才を顧みず、これまでの修行、研究成果の一部を開陳し、世の研究者・好事家の参考になればと思い、執筆するものである。

本書は武器のすべてを網羅する事典ではない。文献からの紹介は誰にでもできる。中国でも武器に関する事典はたくさん出版されているし、日本でもいくつかの類書が出版されている。しかし、その使用法まで紹介した著作を寡聞にして知らない。本書で紹介する武器類は、いずれも著者がその実物を所有しているもので、一部を除き、そのほとんどは江戸時代から明治初期にかけて製作された時代物であり、世に一品しか存在しない骨董武器である。

紹介する武器の使用法は、著者が継承している流儀の技法の他、修行中に各地の古老を訪ねて実地見聞した技法であり、著者が創作したものではない。武器の特性により、一部伝統の形を改編して紹介するものもあるが、原則は崩していない。

日本の武器研究の水準は極めて低い。各地の博物館や資料館は武器の陳列を行うだけで、その研究者はほとんど皆無である。本書の出版を機に、新たな研究者の現れることを期待したい。同好の方の質問にはできる限り答えるつもりである。

平成19年　睦月吉日

望嶽小庵にて

著者　識

武器について

世にいう武器には、おおむね次の2種類がある。ひとつは近代以降の戦争、紛争で用いられてきた集団戦用の大量殺人を目的とする武器、もうひとつは武術の道具として個人戦に使用された武器である。本書で解説する武器類は後者に分類されるものである。この武術に用いる武器は日本では「道具」「武器」、小さく隠し持つことのできるものを「秘器」などと呼び、中国では「兵器」「兵械」「武器」と呼んでいる。そして、それらの武器を使用して戦う武技を日中ともに「武芸十八般」と総称してきた。

武器は西洋でも発達したが、西洋でのそれは日本の中世までの武技と同じく、戦法と打撃鍛錬を行うのみで、個人戦における技術のパターンを形として継承する方法を用いなかった。この形と理論の継承こそが武術における文化であり、核心である。この形としての継承は世界でも日本と中国にのみ見られた文化遺産であり、東洋武術が世界に誇るべき武技継承の方法論なのである。

武器は大別すると次のように分類できる(著者分類)。

・日本の武器

1 長柄武器(槍・薙刀・長巻《ながまき》・三道具《みつどうぐ》・振杖《ふりづえ》・長柄鎌など)
2 刀剣(大太刀・打刀・小太刀・短刀・懐剣など)
3 鎖武器(鎖鎌・鉄鎖・振杖など)
4 鈍武器(棒・杖《じょう》・半棒・鼻捻《はなねじ》など)
5 短寸武器(鎌・十手《じって》・鼻捻・鉄扇など)
6 秘器(手の内・角手《かくしゅ》・毒物・握り鉄砲など)
7 仕込み武器(仕込み杖など)
8 投擲射撃武器(鉄砲・弓・手裏剣・鉛玉など)

・中国の武器

1　長兵器(刀・槍・矛《ほこ》・殳《しゅ》・棍《こん》・斧《ふ》・叉《さ》・戟《げき》・戈《か》・鉞《えつ》など)
2　短兵器(刀・剣・鞭《べん》・鐗《かん》・斧・拐《かい》・鎌《れん》・錘《すい》・杖・盾牌《たてはい》など)
3　双兵器(鉄尺《てっしゃく》・双刀・双鎌刀《そうれんとう》など同じ兵器を両手に持つ場合)
4　鈍兵器(棍・杖・木耙《もくは》・盾牌・淡水雨傘《たんすいあまがさ》など)
5　軟兵器(棍棒・鞭・鏢《ひょう》・錘など)
6　射遠兵器(弓・箭《せん》など)
7　暗兵器(手擲《しゅてき》類・索系《さっけい》類・機射《きしゃ》類など)

なお、本書では、この分類に基づいて紹介していない。武器によっては複数の分類に属するものもあり、著者の研究対象外の武器もあるためである。本書は武技の紹介を同時に行うため、分類は戦う際の基本的な「間合い」によって行う。

序章

古武器の真贋について

武術の歴史や技法を考察していくうえで、現在に残されている古武器は非常に有用である。武術は実技によってその目的が達成されるのであり、歴史を考察するうえで文献資料(古文献及び伝書類)が存在しない場合、実技とそれに付随して保存されてきた現物遺産は、何にも増して考証の第一級史料となる。著者が本書でわざわざ実物の古武器を写真紹介した理由はそこにある。

日本の伝書や銘のある武器は時代判定が容易であるが、中国の武器にはそのようなものがない。それはどちらかといえば、一代(ひとりの修行者)限りの所有物であり、稽古用に、すなわち実用を第一に製作された「消耗品」である。したがって、美術的、骨董的価値に優れていない無骨で粗雑な武器が多い。それでもまだ古い時代の武器類が大量に発見されている中国の場合はいい。これが沖縄になると、古い時代の武器は全くといえるほど存在しない。ここでいう古い時代とは、前近代、すなわち一応の区切りとして明治維新以前とする。

著者の収集品のなかには、明らかに100年以上前に作られた中国の武器がいくつもある。どうして100年以上と断定できるのか、といわれるかもしれないが、これはこの種の武器を30年近くも収集しているなかで培った著者の眼力(鑑定力)による。自負ではあるが、著者とて収集歴においては多くの贋物をつかまされており、それが一層贋物を見極める眼力となったのである。無名の日本武器や中国武器をはっきりと鑑定できる人物がいれば、鑑定依頼をしてもいいが、現在そのような人物は残念ながら著者の知る限りではいない。ついでにいえば、武器を扱う骨董業者も眼力は著者以下である。

たとえば、中国の木製打撃武器である哨子棍《しょうしこん》の場合、長棍《ちょうこん》と短棍《たんこん》を繋ぐ鉄環と木の表面の状態が時代判定の重要ポイントとなる。著者の場合、20代のころ、時代のある棒や杖《じょう》を見境なく収集していたから、木肌による時代判定にはそれなりの自信がある。稽古していた時代が判明している稽古道具にも数多く接してきたから、新作で人為的に時代づけしたものはひと目で識別できる。鉄環は、中国でも古い時代のものは、それなりに丁寧に沸接《わかしつぎ》されているし、機械の手が入っていないことは鉄の状態を見ればすぐわかる。

中国の武器は前述の通り、保存状態が極めて悪い。地中に埋めてあったのかと思うほど汚く錆びついている。これは単に鉄の質や製錬度が悪いなどという問題ではない。一説では、ごく近年に製作されたものであるが、時代感を出すためにわざと錆びさせてあるのだともいわれている。しかし、著者の鑑定では鉄尺《てっしゃく》や哨子棍は、製作されてから少なくても100年以上は経っていると思われるものが多くある。また、考え方を変えれば、これらの武器は製作された時代以降、使用されていなかったという証拠にもなるのである。強いていえば、製作された時代でさえも、これらの武器を使用した形跡が全くないのである。剣術や棒術を稽古している人はご存じのように、木製道具は打ち合うとその痕跡がはっきり残る。しかし、中国の武器にはその痕跡がない。ならば何のために作られたのであろうか。日本へ持ち込まれている武器の数からしても、明らかに一村落的な生産ではない。しかし、その作り方は共通している。

目次

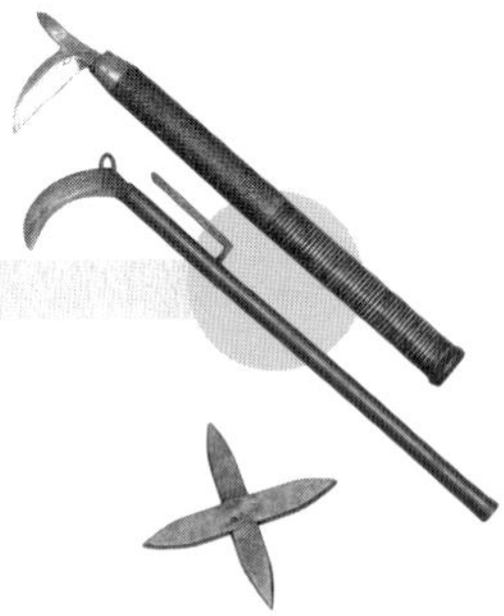

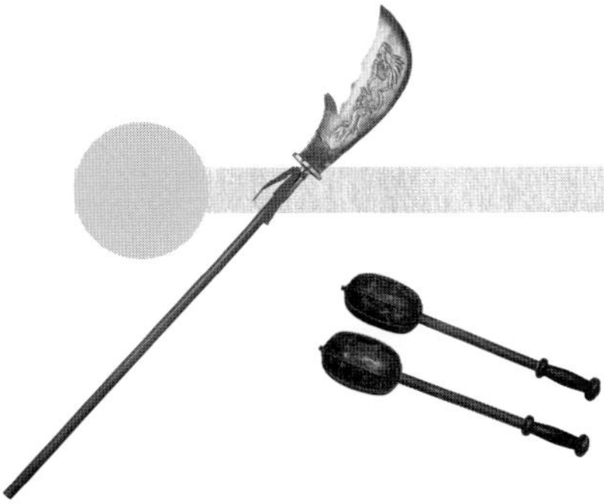

第二部　中国

コラム

第一部◆日本

槍 ◉やり

長さ	長短さまざま
間合い	遠間

中世以来、戦場の武器として長く君臨してきたのが槍である。飛び道具を除けば、最も遠くの敵を攻撃できる武器である。槍は素槍(大島《おおしま》流、風伝《ふうでん》流、種田《たねだ》流など)、十文字槍(宝蔵院《ほうぞういん》流、姉川《あねがわ》流など)、鍵槍(佐分利《さぶり》流、樫原《かしはら》流、本心鏡智《ほんしんきょうち》流など)、管槍《くだやり》(貫《かん》流、一指《いっし》流など)の4種に大別される。さらに長さによって三間槍、二間槍、一丈槍、九尺槍、八尺槍、七尺槍、一間槍、枕槍に分けられる。

飯篠長威斎《いいざさちょういさい》が15世紀後期に神道《しんとう》流を興し、従来の戦場専用の槍使いに、しっかりとした教義と形を組み立て、その技術を体系化して教えたのが槍術の始まりで、近世の槍術のほとんどは、この神道流から出ている。江戸時代になっても武士は剣術と同様に槍術の稽古をよくした。江戸時代の武者修行の記録を見ると、剣術に劣らず、槍術の廻国修行が盛んであったことがわかる。槍術は常に左半身で戦うため、仕合用の防具は、左半身だけを覆う形態のものが用いられた。

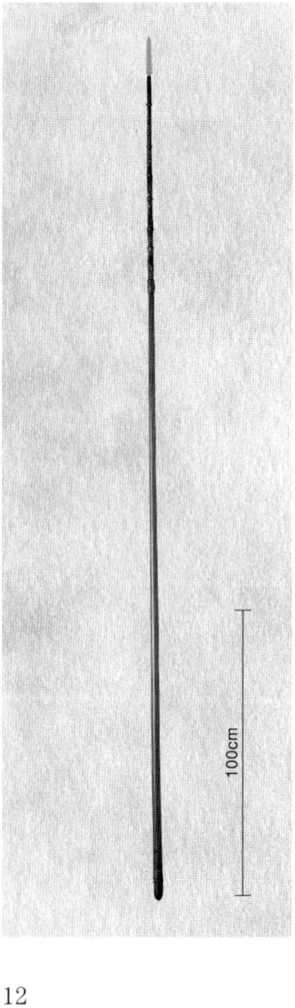

槍術は特に上級武士が好んで稽古をしたが、石州津和野藩のように、槍術の稽古を上級武士に限って許可したというような例もある。

槍術の対敵想定は、そのほとんどが槍対槍か、槍対薙刀の長柄同士となっている。槍と薙刀の仕合稽古は「入身《いりみ》・突身《つきみ》の試合」といい、薙刀が入身をすれば勝ち、槍は入身をさせないように突き飛ばすというものである。薙刀は槍の突きをまともに受けるために面と胴を着用し、槍は防具を着けなかった。

明治になって武士階級が崩壊し、また、戦いの方法が一変したため、携帯不便な槍は実用性を失った。戦前の大日本武徳会の演武プログラムを見ると、毎年広島の佐分利流と名古屋の貫流だけが試合に出場し、他流は見る影もなかった。

一 巻き突き《まきつき》

打 中段を突く。

仕 体前に穂先をやや下げて構え、打の突きを左へ外し、体を左に移しながら時計回りに巻き落として脇腹を突く。

①
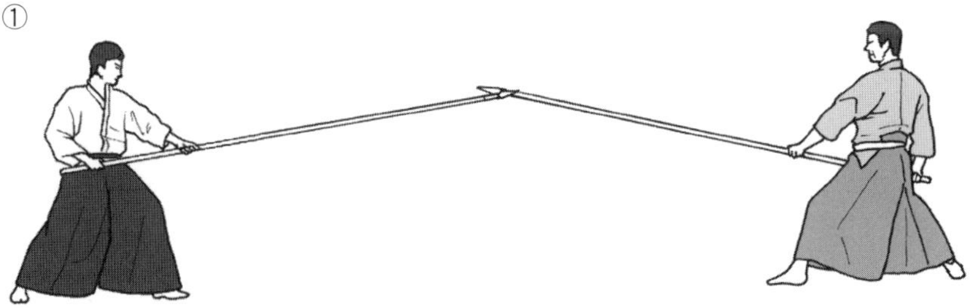
双方、中段に構える。

②
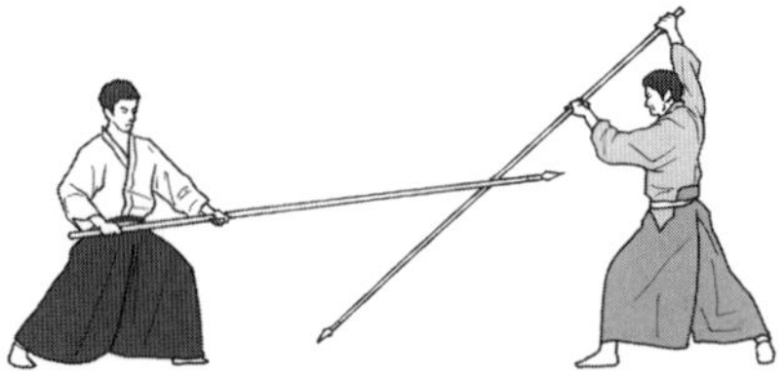
打が中段を突くのを、仕は穂先を下げて、打の突きを外す。

③

仕は体を左に移し、時計回りに打の槍を巻き上げる。

④
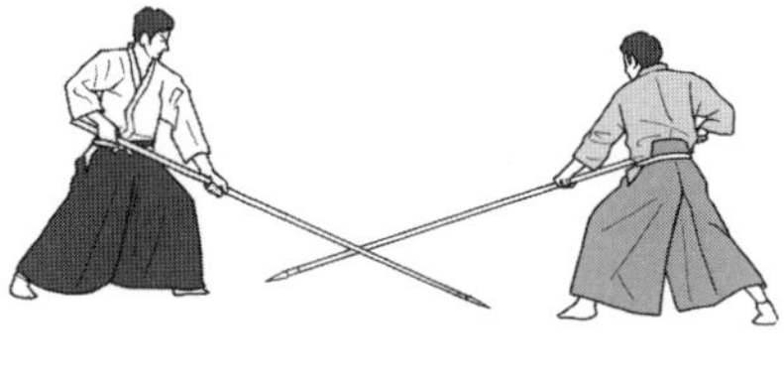
そのまま巻き落とす。

⑤

脇腹を突いて止める。

二 打ち落とし突き うちおとしつき

打 中段を突く。

仕 左に体を捌《さば》きながら、打の槍を上から打ち落として脇腹を突く。

①

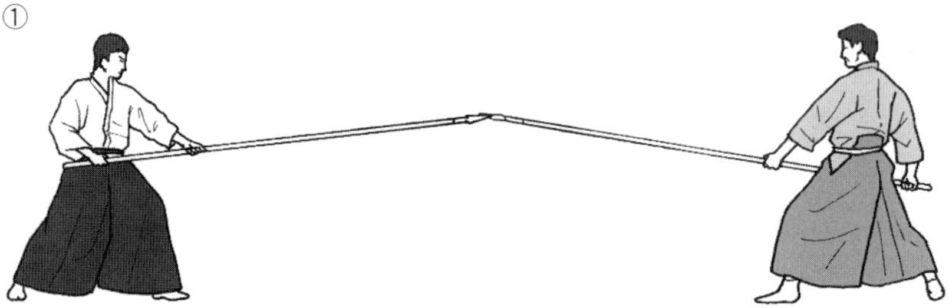

双方、中段に構える。

②

打が中段を突くのを、仕は体を捌いて槍を抜き上げる。

③

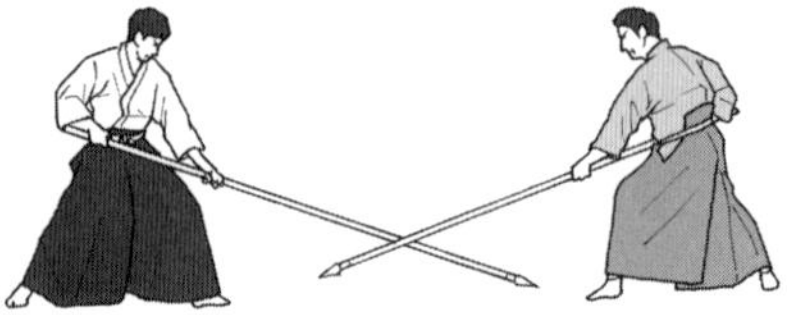

仕は打の槍を上から打ち落とす。

④

そのまま脇腹を突く。

薙刀

◉なぎなた

長さ	長短さまざま
間合い	遠間

中世より武士の主要な武器として重用されてきた薙刀は、近世になると武家の婦女子の必修武芸となった。その理由については明らかではないが、静御前《しずかごぜん》や巴御前《ともえごぜん》が使った武器が薙刀であり、中世にはすでに女子の武器としての地位を確立していたことがわかる。しかし、男子が使用しなかったわけではない。女子は武術を相伝することができなかったし、戦場においては有力な武器となるので、槍と同様に薙刀を稽古する者が多かった。その後、明治時代には薙刀が女子武道として学校教育に採用され、競技として広く普及した。

薙刀が槍や棒と最も異なる点は、柄が楕円形になっていることである。薙刀は刀と同様、片刃の武器であるから、手の内で刃の向きを察知しなければならない。そのためには刀と同様に柄を楕円にしなければならないのである。

薙刀を扱う際、男子と女子では体の運用法が異なる。薙刀そのものも女子用は男子用よりも短くて軽量である。女子の場合は両脚を開くのを嫌ったから、直立姿勢が多く、小走りや組足を多用した。

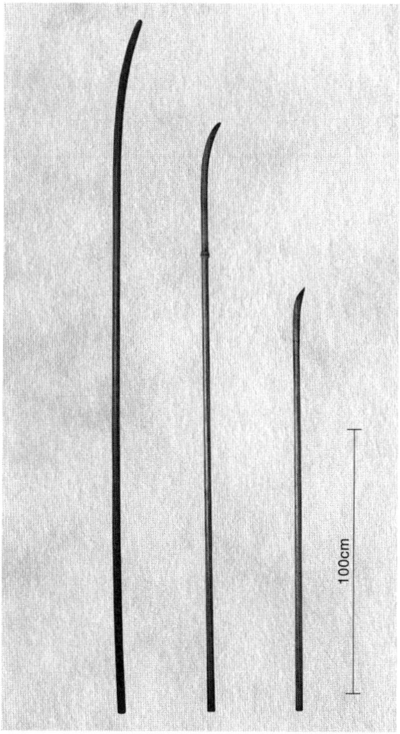

薙刀の形稽古の際には、流儀規定の木薙刀を使う。普通、剣術の場合には、木刀に流儀の規定があっても、真剣の長さや拵《こしら》えにまで流儀の規定が及んでいることは滅多にない。しかし、薙刀の流儀の場合には、真薙刀にまでも流儀の規定を持つものが多くあり、槍もまたしかりである。薙刀の対敵想定は、薙刀同士または剣か槍である。

薙刀の現存流儀には、天道《てんとう》流、直心影《じきしんかげ》流、肥後古《ひごこ》流、楊心《ようしん》流、穴澤《あなざわ》流、水鷗《すいおう》流、念《ねん》流、駒川改心《こまがわかいしん》流、直元《じきげん》流、無辺《むへん》流、香取神道《かとりしんとう》流、竹内《たけのうち》流、戸田派武甲《とだはぶこう》流などがある。

一 下段之事 げだんのこと（穴澤流）

太刀 下段に構え、正眼に移る。

薙刀 薙刀を返しつつ右から回り込みながら、正眼に移る太刀を横一文字に払い落とし、薙刀を返して面を打つ。

太刀 面打ちを受け止める。

薙刀 右膝を着き、薙刀を頭上に振りかぶり、太刀の脇下を斬り上げる。

①

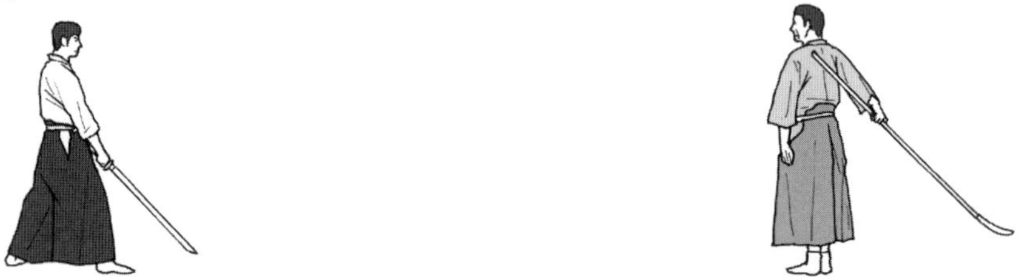

太刀は下段、薙刀は後下段に構える。

②

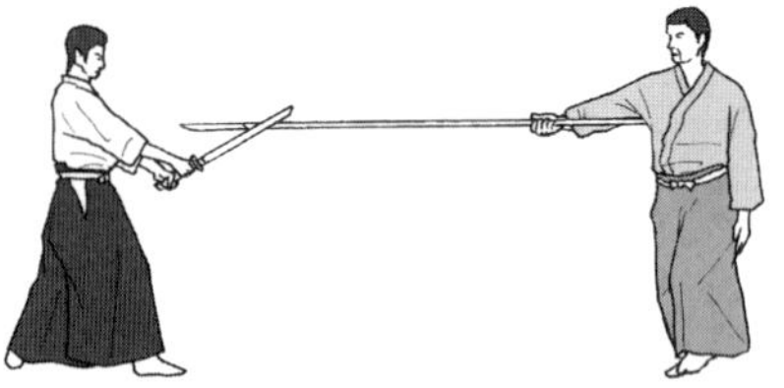

薙刀を返しつつ右から回り込み、正眼に移る太刀を横に払う。

③

薙刀を返す。

④

薙刀が面を打つのを、太刀は受け止める。

⑤

右膝を着き、薙刀を頭上にかぶり、太刀の脇下を斬り上げる。

二 左之事 ひだりのこと（穴澤流）

太刀 正眼に構える。

薙刀 薙刀を肩に担ぎ、右斜め前方に進み、太刀の右の眼、左の眼と突き、胴払いから面を打つ。

①

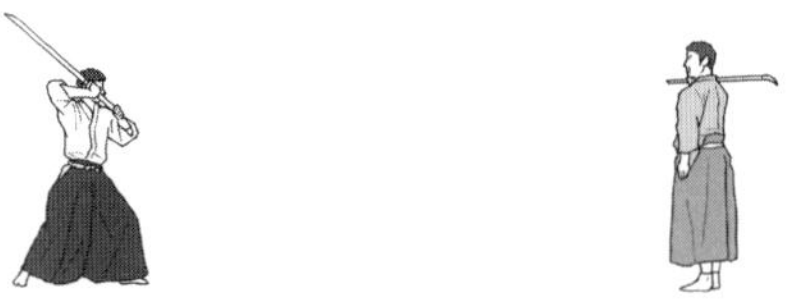

太刀は正眼、薙刀は肩に担ぐ。

②

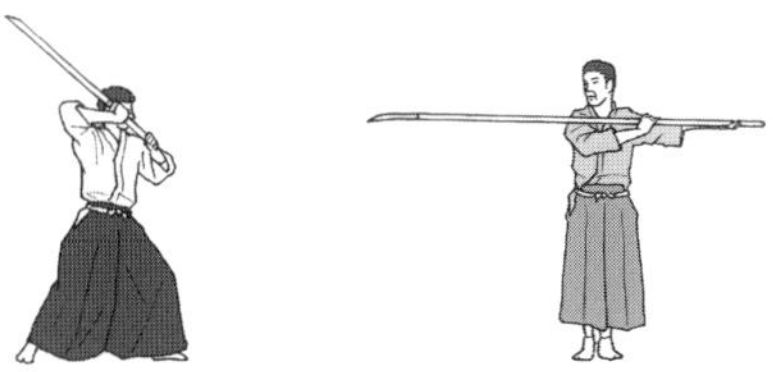

右斜め前から正面に進む。

③

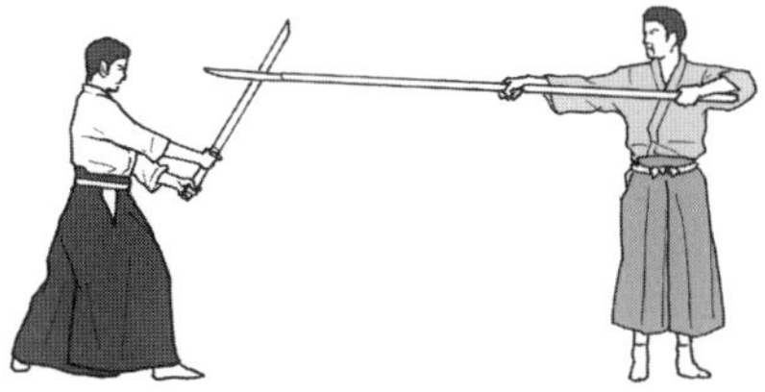

太刀の右眼を突く。

④

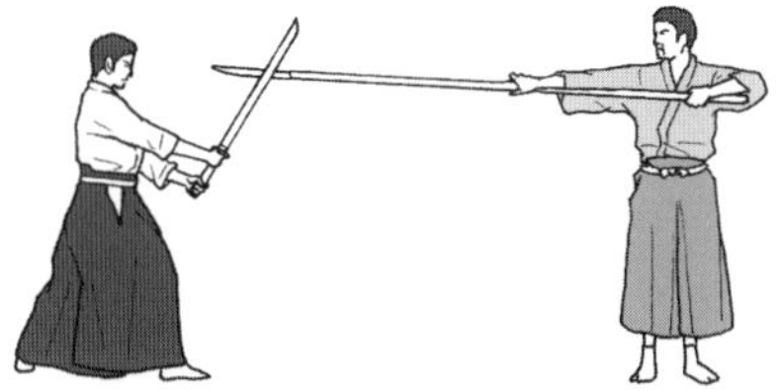

太刀の左眼を突く。

⑤

胴を払う。

⑥

面を打つのを、太刀は受け止める。

⑦

薙刀で太刀を斬り落とす。

三 腰車之事 こしぐるまのこと（穴澤流）

太刀 上段に構える。

薙刀 上段より一歩出て、刃をちらつかせ、左斜め後ろに体を移す。

太刀 床を打って突きに出る。

薙刀 太刀を打ち落とし、太刀の胸に刃をつける。

①

双方、上段に構える。

②

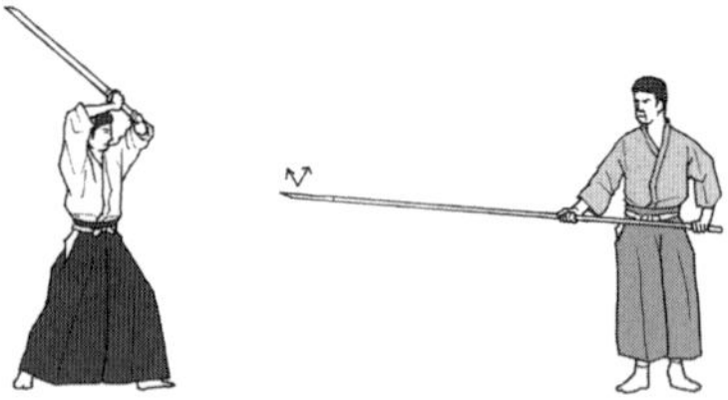

上段より打ち込み、刃をちらつかせる。

③

左斜め後ろに体を移し、薙刀を左肩前に立てる。

④

太刀が床を打って突きに出るのを、薙刀で打ち落とす。

⑤

薙刀を太刀の胸につける。

長巻 ◉ながまき

長さ	六尺〜七尺（約182〜212cm）
間合い	遠間

長巻は太刀の柄を長くした武器、または薙刀の刀身を長くして柄を短縮した武器で、鎌倉時代から室町時代にかけて多く作られた。外見はほとんど薙刀と変わらないが、鍔をつけたものは、その鍔が武器全体の中央にくるため、薙刀とはかなり違って見える。全長はおよそ六尺〜七尺で、柄はその半分の長さとなる。すなわち、刀身と柄の長さがほぼ等しくなっている。柄の末端には石突がついている。刀と薙刀の長所を合わせ持っているため、長巻には剣術的な使用法と薙刀的な使用法がある。

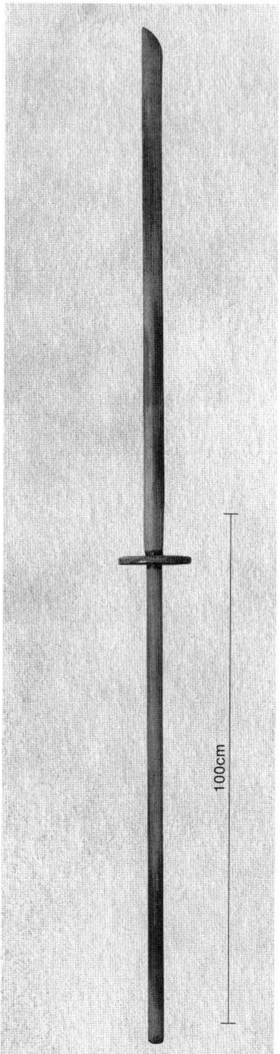

元来、太刀では届かない遠くの敵を一撃で倒すために工夫された武器であるため、それ相応の重量があり、剣術や薙刀と違い、身体全体で打撃する。石突での攻撃は、剣術と同様にほとんど見られない。

本来実戦用の武器で多くが実際に使われ、残ったものも後の時代に刀に仕立て直されたため、作られた当初の姿のままで現存するものは非常に少ない。薙刀の流派で、長巻の技法を伝えるものがいくつかあった。また、荒木《あらき》流では薙刀を長巻と称している。

一　両脚之事　りょうあしのこと（穴澤《あなざわ》流）

太刀　上段に構える。

長巻　上段から太刀の左脛を袈裟に斬る。

太刀　左足を引く。

長巻　長巻を返して、太刀の右脛を左から右へ斬る。

太刀　右足を引く。

長巻　面を斬る。

太刀　正面に受ける。

①

双方、上段に構える。

②

上段から太刀の左脛を袈裟に斬る。

③

長巻を返す。

④

太刀の右脛を左から右へ斬る。

⑤

太刀は左足を引き、長巻は後方へ返す。

⑥

長巻が面を斬るのを、太刀は受け止める。

二 獅子之歯噛之事 ししのはがみのこと(穴澤流)

太刀 上段に構える。

長巻 上段逆構え(刃先が前方で刃が上を向く)に構え、そのまま小走りで進み、下から太刀の顎を斬り上げ、直ちに面を斬る。

太刀 上段から下段に落とし、長巻の面打ちを受ける。

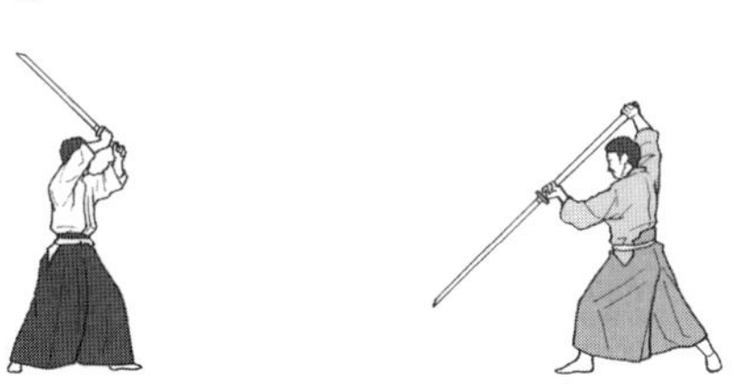
① 太刀は上段、長巻は上段逆構えに構える。

② そのまま小走りで進む。

③ 下から太刀の顎を斬り上げる。

④ 直ちに長巻で面を打つのを、太刀で受け止める。

棒 ◉ぼう

長さ	六尺(約182cm)
間合い	遠間

六尺という長さは、現在の我々の生活様式のなかでもさまざまな基準として用いられている。日本では、江戸時代に捕方《とりかた》の棒の長さを六尺と定め、「六尺棒」の名が定着した。日本の棒術で使用する棒の直径は八分(約2.4cm)で、中国の棍《こん》やその亜流である沖縄の棍よりかなり細身である。例外もあるが、日本の棒術は中国や沖縄の棍と違い、振り筋を通して長く使うため、この太さでなければ操作できないようになっている。

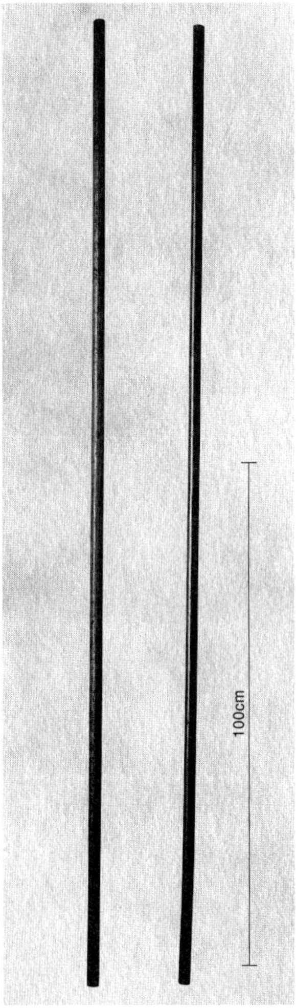

六尺棒は、柔術流儀の場合、多くが棒対棒の想定であり、剣術流儀の場合は棒対剣の想定を採用している場合が多い。

棒は生け捕り用の単純な打突武器であり、殺傷武器ではない。したがって、戦場で用いられるようなものではなく、平時における不時の際の護身用、あるいは警備や捕物の得物として用いられた。江戸時代には足軽や中間《ちゅうげん》などの下級武士がこれを使用し、柔術と兼修される風潮を生んだため、農民の間にも広く普及した。特に農民は、武士の棒術を農民用の「棒の手」として民俗芸能に改変し、神社の祭礼に獅子舞とともに奉納する慣習が生まれた。現在でも名古屋地方には、実戦さながらの多くの棒の手が伝承されている。ちなみに中国でも少林派《しょうりんは》の武術では、拳法と棍法を特に重視している。

棒は携帯が不便なため、明治以降は警察の用具からも顧みられなくなり、競技化できなかったために、現代武道からも除外された。正しい使用法は古流の棒術のなかに残っている。

現存する棒術を含む流儀には以下のものがある。

無辺《むへん》流(岩手)、柳生心眼《やぎゅうしんがん》流(宮城他)、竹生島《ちくぶしま》流(山形他)、霊山竹生嶋《りょうぜんちくぶしま》流(福島)、荒木《あらき》流(群馬)、気《き》楽《らく》流(群馬他)、香取神道《かとりしんとう》流(千葉)、無比無敵《むひむてき》流(茨城)、力信《りきしん》流(静岡他)、強波《きょうは》流(静岡)、渋川《しぶかわ》流(大阪)、長谷川《はせがわ》流(奈良)、九鬼神《くきしん》流(全国)、浅山一《あさやまいち》流(広島)、竹内《たけのうち》流(岡山)、養心《ようしん》流(岡山)など。

一 中受 なかうけ(力信流)

仕 打 ともに巻き打ち一合《いちごう》する。

打 棒を抜いて仕の正面を打つ。

仕 棒を頭上に平に構え、その中央で受け止める。

打 さらに棒を抜いて右側から仕の左脛を払う。

仕 左足を上げ、棒の右端で受け止め、下がりながら返し棒で打の棒を右に払い、打の右脇腹を突く。

①

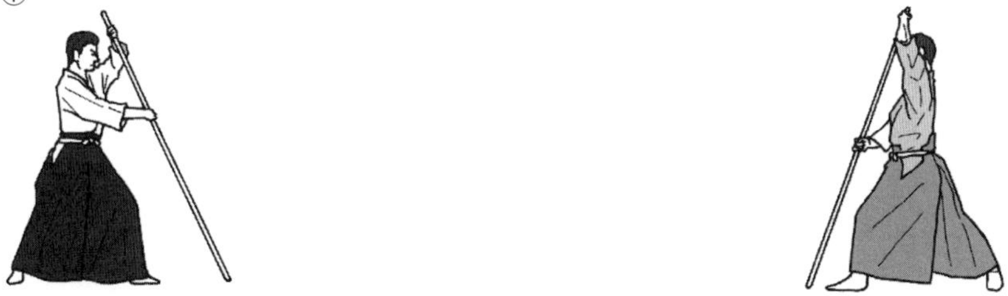

双方、棒を体前に立てる。

②

双方、棒を抜き上げる。

③

双方、右足を踏み込んで正面を打つ。

④

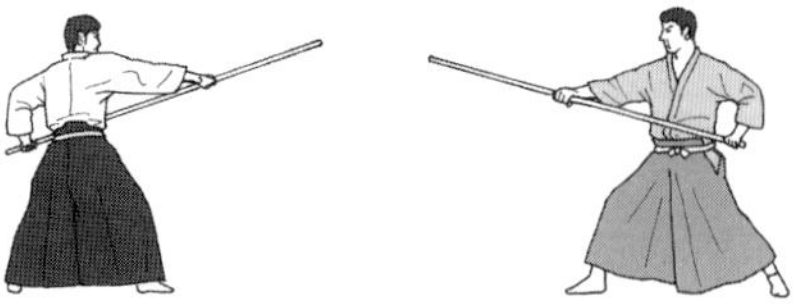

双方、棒を少し抜く。

⑤

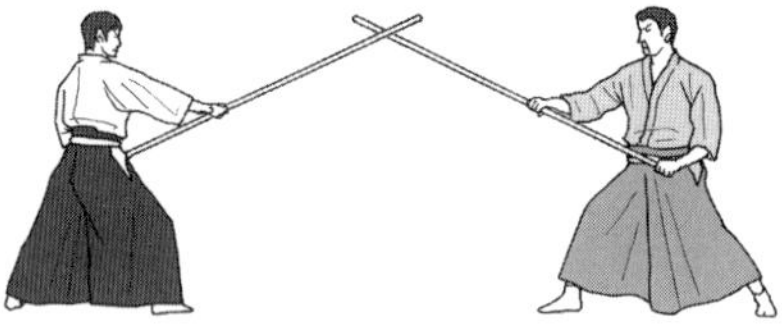

双方、右手で棒を巻いて打つ。

⑥

打は棒を抜いて左足を進め、仕の正面を打つのを、仕は頭上で一文字に受ける。

⑦

打はさらに棒を抜く。

⑧

打が足を踏み替えて、仕の左足を払う。仕は左足を上げて棒で受け止める。

⑨

仕は棒を返して、打の棒を払う。

⑩

そのまま打の脇腹を突く。

二 笠の下 かさのした（力信流）

仕 打 ともに棒を肩に担ぎ、右、左と合わせ、互いに棒を肩から外して下段で合わせる。

打 棒を抜いて正面を打つ。

仕 体を右に移して棒の左端で受け、返し棒で払い落とす。

打 棒を抜いて正面を打つ。

仕 体を左に移し、打の棒を巻き落として、脇腹を突く。

①

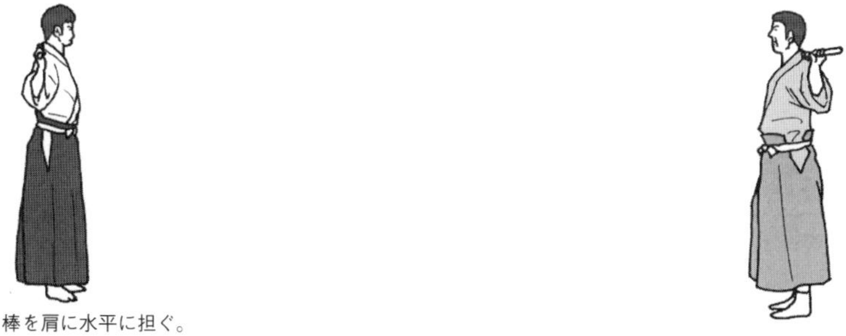

双方、棒を肩に水平に担ぐ。

②

双方、歩み寄り右棒端を打ち合わせる。

③

双方、体を入れ替えて左棒端で打ち合わせる。

④

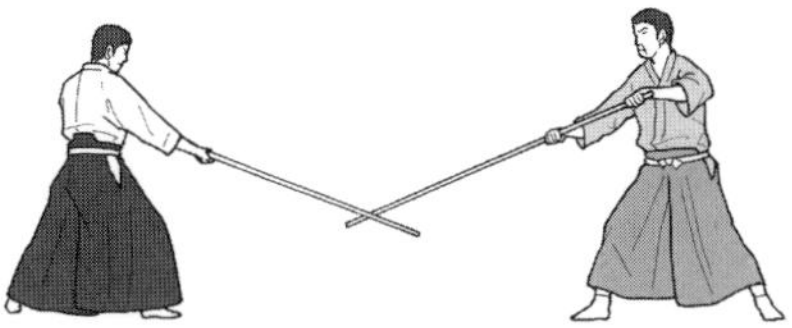

双方、左足を引いて、下段で棒を合わせる。

⑤

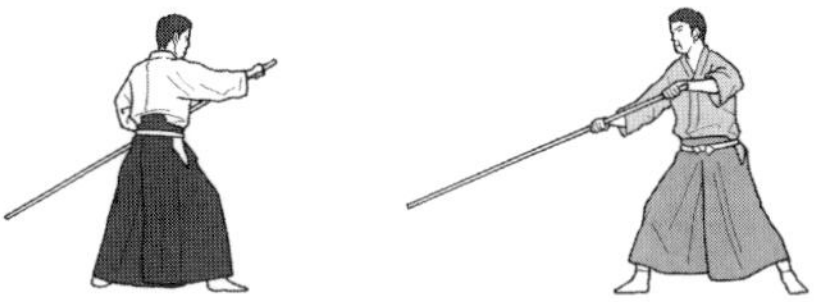

打は棒を抜く。

⑥

打が正面を打つのを、仕は体を右に開いて左棒端で受け止める。

⑦

仕は体を開いて、打の棒を返し棒で打ち落とす。

⑧

打がさらに棒を抜いて打つのを、仕は体を左に転じて棒で巻く。

⑨

そのまま巻いて落とす。

⑩

そのまま突き込む。

長柄鎌 ◉ながえがま

長さ	六尺（約182cm）前後
間合い	遠間

六尺棒の先に二、三寸（約6.1〜9.1cm）の鎌刃をつけた長柄の武器が長柄鎌である。六尺棒の場合には棒の両端で突くことができるが、この武器は柄尻の石突で突くのを専らとし、鎌刃は敵の得物を引っかけるのに用いる。また戦場では、馬上の敵将に引っかけ、引きずり落とすのにも使われた。

元来、長柄鎌は船の舵に絡まった水草を刈り取ることを目的とした漁民の具であったのが、後に武器として使用されたものであるといわれている。また、長柄下刈り鎌という草木の下刈りに用いる鎌もあり、形態が似ている。

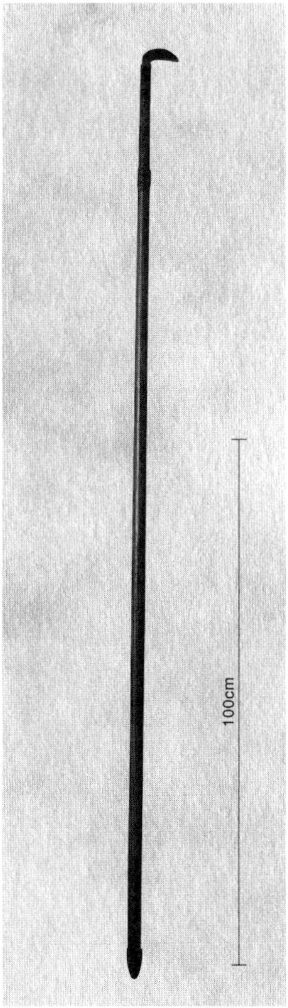

北関東に戦前まで伝承されていた霞新《かしん》流に武術としての長柄鎌術があり、表裏十本の形を伝えていた。また、神道無念《しんとうむねん》流の根岸信五郎《ねぎししんごろう》が一心《いっしん》流長柄鎖鎌という珍しい武器術を伝えていた。

尾張地方に今も伝わる棒の手のうち、長久手の鷹羽《たかは》検藤《けんとう》流、貝津田の起倒《きとう》流、岐阜県多治見市諏訪町小木の無二《むに》流、その他にも多く長柄鎌があり、よくその使用法を伝承している。

一 梅枝折 うめのえだおり（水月《すいげつ》塾制定形）

打 太刀で仕の正面を斬る。

仕 柄尻で受け止め、そのまま柄尻で太刀を下に払い、長柄鎌を返して鎌で首を刈る。

①

打は上段、仕は体前に立てて構える。

②

打が正面を斬るのを、仕は柄尻で受ける。

③

仕は柄尻で太刀を下に払う。

④

仕は長柄鎌を抜く。

⑤

鎌で首を刈る。

二 小手切 こてぎり（水月塾制定形）

打 正眼に構える。

仕 長柄鎌を引き尻に構える。仕より打の左足を柄尻で右から左へ払う。

打 太刀で受け止める。

仕 左足を進め、長柄鎌を返して首を刈る。

打 右足を引き、受け止める。

仕 長柄鎌を小さく返して右小手を斬る。

①

打は正眼、仕は長柄鎌を引き尻に構える。

②

仕は打の左足を柄尻で払うのを、打は太刀で受け止める。

③

仕は左足を進め、長柄鎌を返して刃で首を刈るのを、打は受け止める。

④

仕は長柄鎌を返して、打の小手を斬る。

鎖鎌 ◉くさりがま

長さ	寸法は流儀により相違する
間合い	中間

鎖鎌は我が国独特の武器であり、その成立過程には不明な点が多い。鎖鎌が江戸時代に実戦で使用された例を知らないし、どうして鎌に鎖分銅がついたのかもわからない。武器の原形はだいたいにおいて生活用具や宗教用具、農具などに見られる。なかでも鎌は、農具がほとんどそのままの形態を保持して武器になっている。

鎖鎌の形態は流儀により千差万別であるが、大別すると、鎖が刃のつけ根(柄頭)についているものと、握りの部分の下(柄尻)についているものとがある。

稽古用の鎖鎌は、鎌をすべて木で製作し、鎖は麻または綿紐、分銅はタンポ(綿などを丸め、皮や布で包んだもの)を用いる。このようにすれば、稽古であっても実際に打ちつけることができる。

使用法は、これも千差万別である。一般的には鎖鎌というと、多くの流儀に見られる鎖を敵の刀や首に巻きつける技法を想像するが、著者の伝承する天道流《てんとう》にはそのような技法はひとつもない。普通は鎖を持って分銅を振り回して使うが、天道流では鎌を持って鎖分銅を振り回し、また分銅を直接手に持って敵に投げつける「投鞠《なげまり》」の技法を伝えている。

鎖鎌術は武芸十八般のひとつであり、江戸初期から流儀として成立したが、多くの場合は総合武術内の一術として伝えられた。鎖鎌単科の流儀は多くの場合、他種目の武術と合伝して併習させる風潮が定着した。

現在でも一心《いっしん》流鎖鎌術は神道夢想《しんとうむそう》流杖術の修行者が併習している。鎖鎌だけを教え

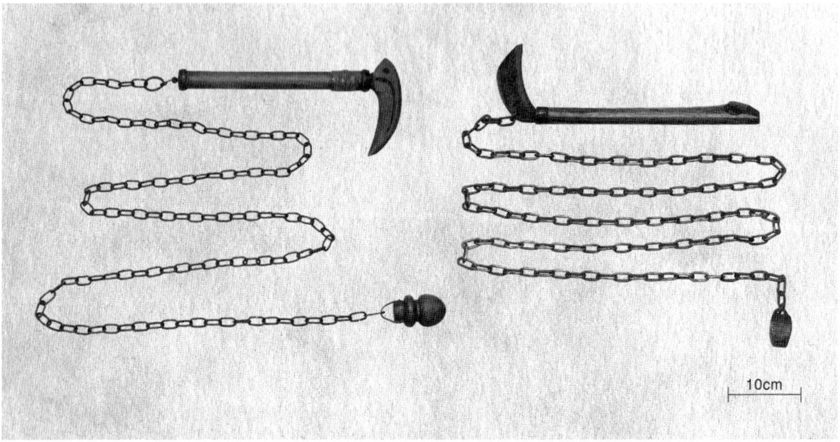

ていても弟子は集まらず、道場経営が成り立たないという事情もある。

現存する鎖鎌術の流儀には、天道流(山梨)、渋川一《しぶかわいち》流(広島、山梨)、直猶心《じきゆうしん》流(東京)、正木《まさき》流(静岡)、荒木《あらき》流(群馬)、気楽《きらく》流(群馬)、渋川《しぶかわ》流(大阪)、卜伝《ぼくでん》流(三重)、柳生《やぎゅう》流(静岡)、金輪《かなわ》流(福岡)、一心流(全国)などがある。

一 投鞠(紅葉重) なげまり(もみじがさね)(天道流)

(1) 受 正眼の構えから切っ先で攻める。

仕 正眼の構え、左手で分銅を小さく回し、次第に大きく回し、左足を進めて正面を攻める。右に体を開き分銅を振る。右足を進め、小手を攻め、右足を引き構える。

受 仕の攻めに応じて払い、右足を引き、八相の構えとなる。

(2) 受 右足を進め、仕の正面を攻める。

仕 右足を進め鎌の先を左にして受け、分銅を左手に握り、受の眉間に投げつけると同時に引き、構える。

受 分銅を右に払い、右足を引き八相の構え。

①

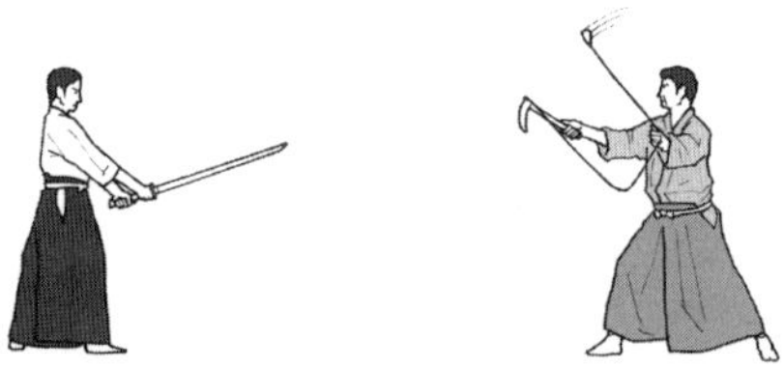

受は正眼、仕は左手で小さく分銅を回し、次第に大きく回す。

②

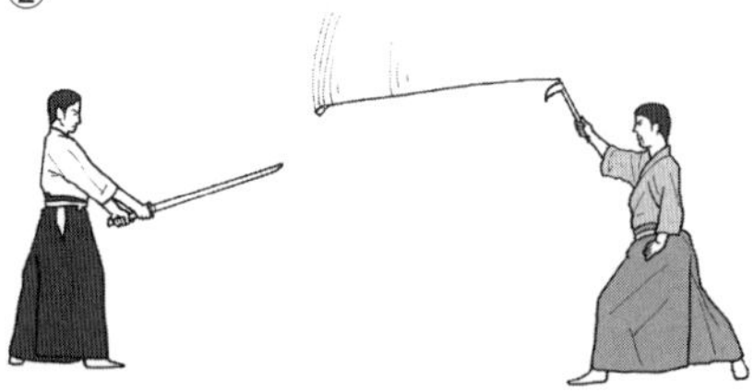

仕は左足を進め、鎖を放して分銅で受の正面を攻める。

③

右足を進め、分銅で小手を攻める。受は右足を引き、八相に構える。

④

右足を引いて機をうかがう。

⑤

受は右足を進めて正面を斬る。仕は右足を進めて鎌刃で受ける。

⑥

分銅を左手に握り、受の眉間に投げつける。

column

武器の形態と長さについて

本書で紹介している武器は、すべて著者の所蔵品の一部であることはすでに述べた。解説で示してある武器の長さは、写真で紹介したものの長さを基準にしているわけではない。解説では、一般的認識による長さを紹介している。それは、著者のコレクションのなかには、少なからず特殊な形態や長さをしているものも含まれているからであり、すべて一般的な基準を満たしているものばかりを紹介したものではないことをご了解いただきたい（また、真剣や二刀小太刀などは、一般的な刃渡りの長さで表している）。

たとえば、十手《じって》ひとつを取っても、四尺（約121cm）以上のものもあれば、八寸（約24.2cm）以下のものもある。鎖鎌にしても、柄が四尺のものを著者は所蔵している。木刀でも六尺（約182cm）のものがある。中国武器にしても同じである。関羽大刀《かんうだいとう》などは、鋳型で大量生産された現代物はともかくとして、数十年前に製作されたものを台湾でいくつも見ているが、ひとつとして同じものはないのである。

二 上段両手絞 じょうだんりょうてしぼり（渋川一流）

受 正眼の構えから上段の構えに移る。

捕 右に移動し、右手の分銅で受の両手首に巻きつけ、引き寄せながら受の後方より左手の鎌で首を斬りつける。

①

受は正眼、捕は右手で分銅を振る。

②

受が上段に移るとき、捕は分銅を放つ。

③

分銅を両手首に巻きつける。

④

分銅で受を引き込む。

⑤

鎌刃で首を刈る。

鎖鎌の実用性について

「鎖鎌は日本独特のフェイク(偽物、ごまかし、使い物にならないもの)だった」。このような指摘は実際に武術に携わっている人たちの間では、ある意味タブーであり、近年まで誰も論ずる者はいなかった。しかし、学問の自由は、非合理な世界を指摘することを保障されたものであり、現代の我々の目から見た近世事物の考証は、大いに啓蒙されてしかるべきことである。

鎖鎌は非実用的武具

武術の形は神聖であり、その形の効能を論ずることは各流儀内で固く禁じられていた。江戸時代が平和だったための所産である。この論考は、ある方が某雑誌において鎖鎌を「日本人の想像力が生んだ非実用的武具である」と指摘されていたことに始まる。すごい指摘だなあ、と感心した。確かに鎖を敵の刀に巻きつけた瞬間、鎌はその自由な動きを束縛されて、極めて不利な状況になる。それは著者自身にも納得のできる内容であった。しかし、著者も天道《てんとう》流の鎖鎌術を相伝している関係上、おおかたでは納得できても、「稽古次第で実戦の役に立てることもできる」という立場を取らなければならない。武術を稽古している者にとって、もしその技が使えないものだとしたら、それは「己の未熟」に尽きるからである。これは当然某氏に反論するものではない。著者の心のなかに少しでも武術としての実用性を含ませておかなければ、武術として実際に我々が稽古する意味がなくなってしまうからである。

不明な携帯法

鎖鎌は捕物道具ではない。無傷で生け捕ることを目的とした捕物道具に刃は無用である。鎖鎌を捕物道具として発表している文献も確かにある。しかし、鎖鎌ほど携帯に不便な道具はない。そして、その携帯法は未だに謎である。携帯するにしても、自分は武芸者であるというステータスの具にしかならない。考えてみれば、鎖鎌を日常的に携帯する身分もない。あえていえば「今日の果たし合いは鎖鎌を使う」と決断した日にだけ持ち出す特別な武器である。日常は道場で稽古鎌を振るが、これは道場内での稽古道具であり、持ち歩く「武器」ではない。

鎖鎌の実用性

本論の中心となる鎖鎌の実用性について、以下のように考える。

著者の個人的な立場から、天道流の形を中心に述べてみたい。某氏がいわれるように、鎖を自分より強力の者につかまれたら一巻の終わりである。だから天道流では、敵の身体や刀に鎖を巻きつけることはしない。特に鎖鎌は薙刀と並んで近世には婦女子が好んで稽古している。だから力比べになるようなことをするわけがない。鎖は分銅を振り回すだけの役割しかないのである(天道流)。他流の見解はここでは述べない。甲州《こうしゅう》陣屋《じんや》伝《でん》武術の稽古用鎖鎌の鎖は紐ではなく、本物の鉄鎖で、分銅は木製である。この鎖分銅は鎌の柄との接合部分が極めて華奢にできており、強く引っ張ると鎖分銅が鎌から外れるようになっている。万が一の備えである。

鎖鎌の敵は剣

鎖鎌の敵は剣と決まっている。すなわち、剣に勝つために考案されたのが鎖鎌である。天道流では分銅を振って、まず自分から一番近くに位置する小手を狙って打つ。敵がこれを外して剣を上段に構えるのを、入身《いりみ》して敵に一瞬の誘いの隙を見せ、次に敵が斬り込む瞬間に極めの技を使う。この技法の理合いは天道流鎖鎌のすべての形に一貫している。天道流では鎌刃で敵の首や手首を斬ったりすることはない。

天道流鎖鎌

鎖鎌が武術の一課に昇華したのは、明らかに江戸時代になってからのことである。総合武術として長い伝統を持つ竹内《たけのうち》流や香取《かとり》神道《しんとう》流には鎖鎌はない。古流儀で鎖鎌を有するものに荒木《あらき》流と天道流があるが、流祖の時代から鎖鎌が存在していたかは不明である。

天道流の稽古用鎖鎌は、刃先三寸(約9.1cm)ほどを白革で覆うのが決まりである。この革の部分は実戦鎌の場合、刃がついている部分となる。したがって天道流では刃先以外の部分は両側ともに刃をつけない。刈る技法が存在しない証しでもある。

いずれにしても、鎖鎌が剣に対して分が悪いことは事実である。分が悪い者が、強者に勝つのが武術である。一瞬の施術を不可能として論ずるのは、武術の世界を否定することになる。不利な状況で勝つのが武術の真価である。

馬鞭 ◉ばべん

長さ	六尺(約182cm)前後
間合い	遠間

馬鞭は、鎖鎌から鎌の刃の部分を取り除いた武器である。すなわち、短棒に鎖分銅をつけた形態で、別項の鎖打棒を長大にしたものである。あくまでも敵を生け捕りにするための武器であるため、刃をつけない。もとは馬を調教、指揮するためのムチであったが、ムチを鎖分銅に変えることにより武術の用に供したものである。甲州伝捕方《とりかた》武術の馬鞭は柄が丸削りの短棒で、鎖は鉄製、分銅は木製である。これは実戦用であり、稽古用のものは鎖の細いもの、あるいは鎖の代用として麻縄、綿紐などを使用し、分銅もタンポで軽量に作成する。

短棒は鎖分銅を振り回すための柄であり、間合いが詰まったときには短棒術としての効用も発揮する。間合いが詰まったときには鎖が邪魔になることがあるため、鎖は容易に外すことができる。また、引き倒した敵を鎖で捕縛するさまざまな技法を伝承している。分銅は敵を打つためのものであり、敵の武器や手足に鎖を絡ませるための錘《おもり》ではない。

ちなみに、馬鞭は武器の現物も使用法も著者以外には伝承されていない。

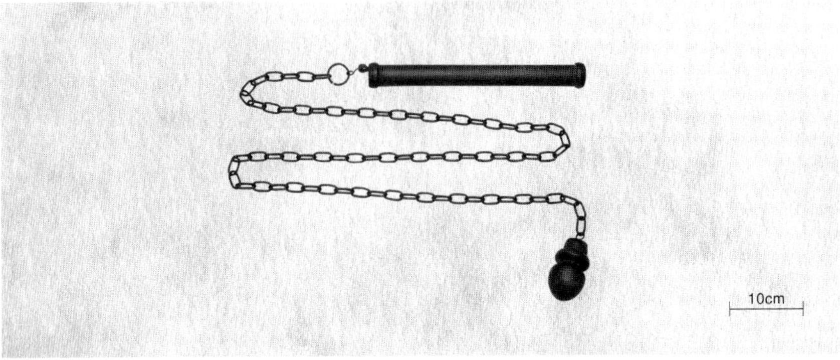

一 小手打 こてうち（水月《すいげつ》塾制定形）

打 太刀を正眼に構える。

仕 右足前、右手に棒、左手に鎖を持って天地に振り、左足を進めて分銅で打の右小手を打つ。

打 上段に構える。

仕 右足を進め、棒で打の右小手を押さえ、左手で下から棒先をつかんで引き倒し、右腕を背固めにして鎖を首に回して締め上げる。

①

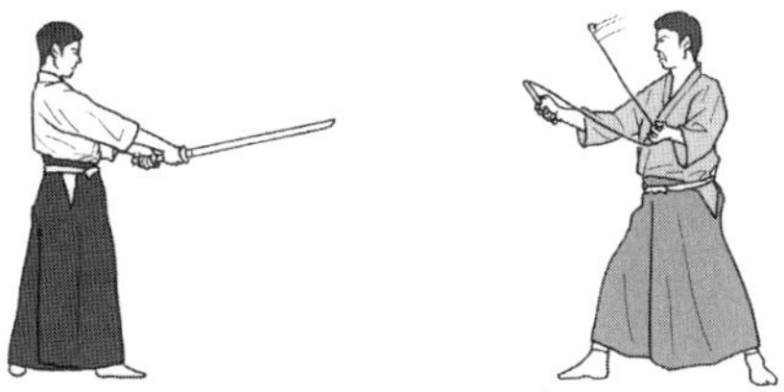

打は正眼、仕は分銅を左手で振る。

②

仕は分銅で打の小手を打つのを、打は上段に構えて外す。

③

仕は右足を進め、棒で右小手を押さえて、左手で下から棒先をつかむ。

④

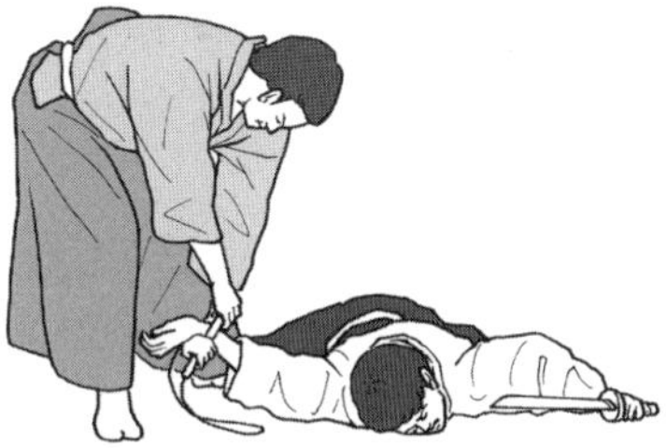

そのまま引き倒す。

⑤

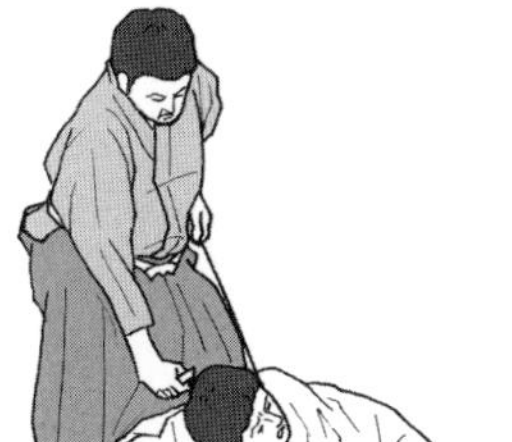

鎖を首に回して締め上げる。

二 甲利打 こうりうち（水月塾制定形）

打 太刀を上段に構える。

仕 左手に棒、右手に鎖を持って天地に振り、右足を進めて分銅を打の甲利に投げつける。

打 左足を上げてこれを外し、二歩退く。

仕 左足を進めて打の左手首を棒で押さえ、右手を添えて一気に小手を払い落とし、棒を首にかけて後方から一文字に締める。

①

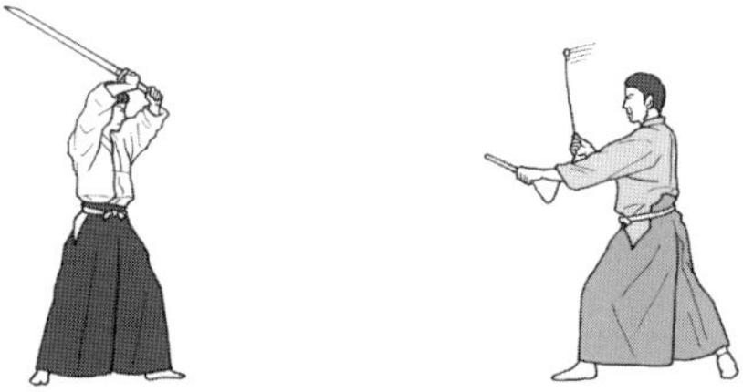

打は上段、仕は分銅を右手で振る。

②

分銅で打の左足の甲利を打つ。

③

打は分銅を外し、二歩退く。

④

棒で左手首を押さえる。

⑤

右手を添えて小手を払い落とす。

⑥

棒を首前にかけて
後方から締める。

竹筒弾き玉

◉たけづつはじきだま

長さ	六寸（約18.2cm）の竹筒に一寸七分（約5.2cm）の弾
間合い	遠間

竹筒弾き玉は、竹筒で製作された握り鉄砲のひとつである。甲州伝の捕方《とりかた》武術に伝承された当身《あてみ》専用の武器で、竹筒はもちろん自然竹を利用し、玉は樫の短小棒の尖端に鉛をはめている。また、竹筒に指押さえのヘラがつけてあり、これが命中率と威力を高める工夫となっている。相手が衣服を着けていても、強力に打ちつけると激痛を与えることができる。これで敵を動けなくして、素早く捕縄《とりなわ》をかけるのである。投擲武器ではあるが、当身を目的としているため、遠い距離では命中率と威力が落ち、近過ぎても威力が生じない。剣術と同じ間合いで使用するのがいい。投擲方法は手裏剣と似ている。

無拍子《むびょうし》流の伝書に「筒打玉《つつうちだま》」や「生捕鉄砲《いけどりでっぽう》」などの類似の武器が記載されているが、未だに類似の現物を見たことがない。

一般的に握り鉄砲とは、片手で握って使用できる小形軽量の簡便な鉄製筒鉄砲のことをいう。矢立《やたて》や十手《じって》などに簡易鉄砲を仕込んだものをよく見かけるが、実用性にはやや疑問が残る。もちろん単純な発火装置がついており、鉛玉を込めればそれなりの効果は期待できる。しかし、飛距離はほとんど期待できず、捕方が携帯するにも、使用するにも不便である。

打法は五種あり、これを立打と座打にして十箇条とする。ここでは最も基本となる立打の正体打法を紹介する。基本的には手裏剣と同じ要領であるが、玉には鉛の錘《おもり》がついているため、打つ角度さえ誤らなければ命中率は高くなる。

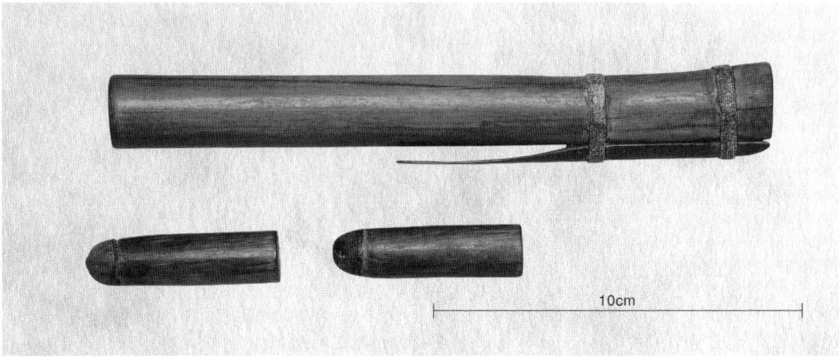

一 正体打法 せいたいだほう（水月《すいげつ》塾制定形）

正面の的（敵）に向かって左足を出し左右の腕を水平に開く。次に左腕を前、右腕を後方に伸ばし、さらに右手を右頭上に構える。次に右手を前に伸ばして玉を打ち出す。左手は下げる。打った右手は直ちに頭上へ戻す。

①

左足を出し、左右の腕を水平に伸ばす。

②

左右の腕を前後に移す。

③

右手を頭上に構える。

④

右手を前方に伸ばして玉を打ち出す。

⑤

右手を頭上に戻す。

杖 ◉じょう

長さ	四尺〜五尺(約121〜152cm)前後
間合い	中間

杖は原則的に六尺(約182cm)より短く、三尺(半棒・約91cm)より長い棒と定義する。杖は香取《かとり》系のものが有名であり、現在普及している神道夢想流《しんとうむそう》も香取神道流《かとりしんとう》から分派した流儀である。神道夢想流では四尺二寸一分(約127.6cm)の長さを用いるとしているが、五尺の杖を使うと記す伝書もあり、一定していない。

杖は人の乳までの高さを基準とするものと、眉までの高さを基準とするものとがある。四尺余りの長さを使う流儀はたいてい乳までの高さが基準となっており、一般にこれを乳切木《ちぎりき》と呼んだが、後に杖に鎖分銅をつけたものを乳切木と呼ぶ風潮が生まれたため、普通の杖を乳切木と呼ぶことは少なくなった。一方、眉までの高さを基準とした流儀に天道流《てんとう》があり、中国武術でも「斉眉棍《せいびこん》」と称して、同様の観点に立った棒を使用する。武器の長さを流儀で固定してしまうのは、非常に都合が悪い。個人の身長によって合った長さの杖を別注すべきである。

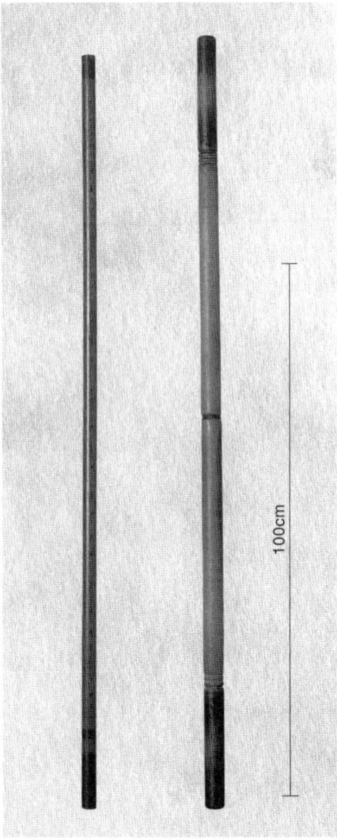

杖は六尺棒に比べて軽いため、六尺棒よりもさらに長く使うことができる。杖は丸削りが普通であるが、六角削りの杖もあり、特殊なものとしては螺鈿《らでん》を施したものや漆《うるし》塗りの螺旋《らせん》模様を入れたものがあり、さらに、鉄杖、金剛杖、錫《しゃく》杖、仕込杖などがある。

杖の対敵想定は、ほとんどが剣であり、稀に杖対杖がある。

杖術を有する流儀としては、神道夢想流、天道流、今枝新流《いまえだしん》、水鷗流《すいおう》などが命脈を保っている。

一　五法　ごほう（天道流）

太刀　正眼の構え。

杖　右一文字の構えから三歩進み、水月《すいげつ》を突く。

太刀　右足を引き、八相に構える。

杖　右足を引き、左手を杖にかけ、右足を進めて左胴を打ち、左足を進めて右胴を打つ。

太刀　左足を引いて正眼に受け、右足を引いて正眼に受ける。

杖　右足を進めて小股を攻め、左足を進めて小股を攻める。

太刀　左足を引いて鍔元で押さえて受け、右足を引いて鍔元で押さえて受ける。

杖　左足を引き、振り返して右足を進めて面を打つ。

太刀　霞《かすみ》上段に受ける。

杖　左脇に引いて構える。

太刀　八相に構える。

①

太刀は正眼、杖は右一文字に構える。

②

杖は三歩進み、水月を突く。太刀は八相になる。

③

右足を引き、左手を杖にかける。

④

右足を進めて左胴を打つ。太刀は正眼に受ける。

⑤

左足を進めて右胴を打つ。太刀は正眼に受ける。

⑥

右足を進めて小股を攻める。太刀は鍔元で受ける。

⑦

左足を進めて小股を攻める。太刀は鍔元で受ける。

⑧

振り返して面を打つ。太刀は霞上段に受ける。

⑨

左脇に杖を引き、太刀は八相に構えて残心。

乳切木 ◉ちぎりき

長さ	三尺～六尺（約91～182cm）
間合い	中間～遠間

人の乳の高さを基準にした杖《じょう》を乳切木と呼ぶのが本来の名称の由来であるが、いつからか杖の先端に鎖分銅をつけたものを乳切木と呼ぶようになった。現在、乳切木は群馬県の荒木《あらき》流と気楽《きらく》流、それに著者が伝承している甲州伝の「爵杖分投」の技法が残るのみとなった。普通の乳切木は、杖端に鎖を止める鉄環用の小穴を開けた金具をつけ、それに鎖分銅を繋げた形態をなしているが、気楽流と甲州の爵杖分投は、鎖分銅が杖のなかに仕込んであり、戦闘中に敵の意表を衝く攻撃ができるように工夫されている。また、総鉄製の重い乳切木もある。

乳切木は鎖鎌と同様に、鎖分銅を敵の首、腕、足首、得物などに絡ませて、敵の攻撃の自由を束縛するための武器と思われており、実際にそのような形を伝承している。しかし、鎖鎌と同様に、この武器も鎖を敵に絡ませた時点で、杖の動きは自由を奪わ

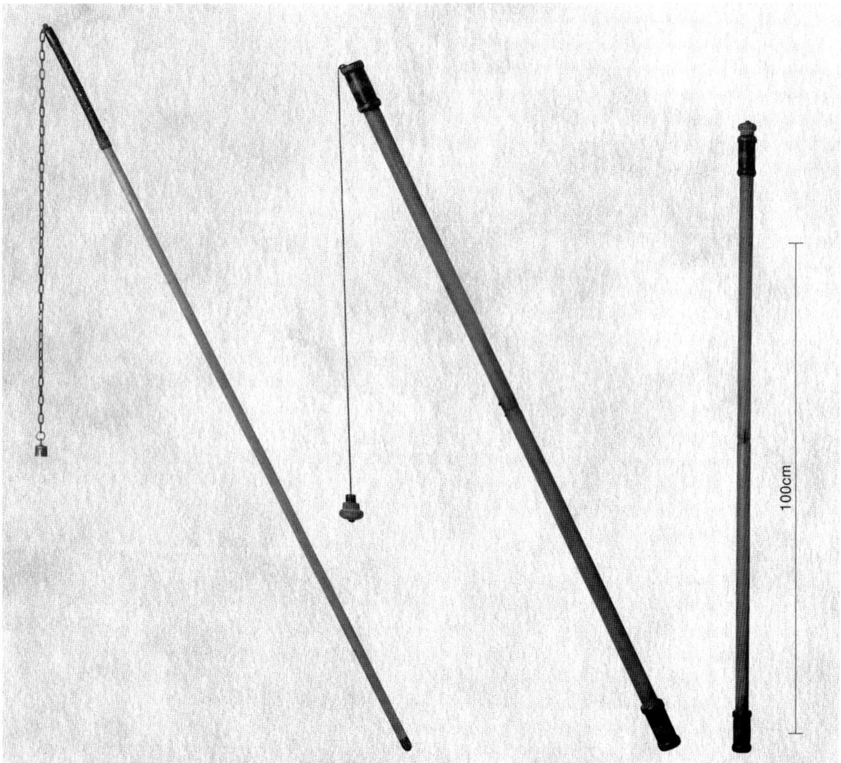

れ、杖本来の技法は全く発揮できないようになってしまう。むしろ、杖は遠くの敵を鎖で絡めるための柄であり、敵を絡めたら、その時点でこの武器の役割は終了するのである。天道《てんとう》流の解釈では、分銅は鎖を敵に絡めるための錘《おもり》ではなく、敵を打ち倒すための一次的な攻撃用の部位として考えられている。

神当《しんとう》流では四尺二寸(約127.3cm)の杖に二尺一寸(約63.6cm)の鎖をつけ、その先に三十二匁(約120g)の分銅をつけた「知義理木」を用いる。近世には堤宝山《つつみほうざん》流の「振《ふり》杖《づえ》」が流行ったが、今は失伝してしまった。

また、いい時機に遅れること、間に合わぬことのたとえに「賊のあとの棒乳切木」というのがある。

一 霞打 かすみうち（水月《すいげつ》塾制定形）

打 太刀で仕の正面を斬る。

仕 柄尻で太刀を払い、返し打ちの分銅で眉間を打つ。間合いによっては首に絡めて引き倒してもいい。

①

打は上段、仕は正眼に構える。

②

打が正面を打つのを外す。

③

柄尻で太刀を払う。

④

返し打ちの分銅で眉間を打つ。

二　上段突　じょうだんづき（水月塾制定形）

打　太刀で仕の正面を斬る。

仕　右に体を開いて柄尻で太刀を受け止め、返し打ちの分銅で小手を打つ。

打　外して上段に構える。

仕　左足を進めて入身《いりみ》し、柄尻で喉を突く。

①

打は上段、仕は正眼に構える。

②

打が正面を斬るのを、仕は柄尻で受け止める。

③

返し打ちの分銅で小手を打つ。

④

打が外して上段に構えるところを、入身して柄尻で喉を突く。

両端四角棒

◉りょうたんしかくぼう

長さ	五尺五寸（約166.7cm）
間合い	中間

両端四角棒は五尺五寸の丸棒の両端各一尺五寸（約45.5cm）を四角に加工し、その4面に七寸五分（約22.7cm）の厚い鉄板をつけた武器で、日本全国でも著者以外には伝承がない。

使用法は普通の棒術と大差はないが、この武器は真剣に対処できるように、鍛鉄製の鉄板をつけた点で優れている。棒術が真剣と立ち合う際、棒に斬り込み傷を受けると、それがささくれ立ち、棒にとっては致命傷となる。ところが、この両端四角棒では鉄板で敵の太刀を受けることも、弾き飛ばすことも、場合によってはへし折ることもできるのである。

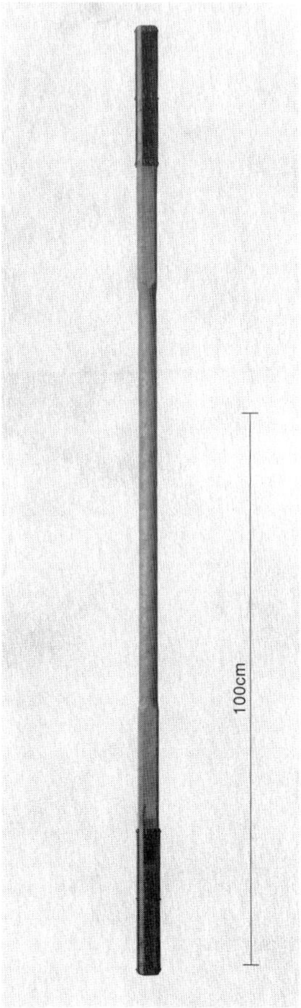

日本の棒術の使い方よりも、むしろ中国武術の長兵器の操作に近く、棒の動きの支点を中心に持ってくる。棒そのものにかなりの重量があるので、腕力を鍛えるのにも最適であり、一撃で敵を打倒することも可能である。

両端四角棒は技法の鍛錬上の性格が強く、太刀による斬り込みを払い落とす稽古に用いられる。補強された鉄板部分で受け払いを行うため、真剣相手による稽古が可能となり、捕方《とりかた》が敵を取り押さえるための技術を磨くのには最適な武器である。

一　車　くるま（水月《すいげつ》塾制定形）

打　正眼に構える。

仕　右脇で両端四角棒を数回回し、右足を踏み込んで太刀を打ち落とす。

打　右足を引き八相に構え、右足を進めて面を斬る。

仕　返し棒で太刀を右に払い、さらに返し棒で鍔を叩き落とす。

①

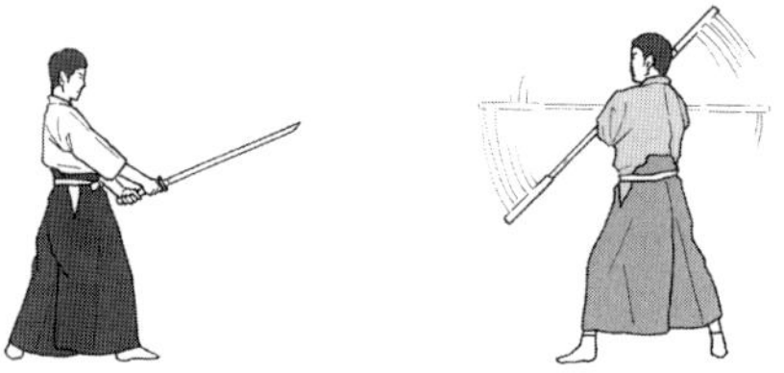

打は正眼に構え、仕は両端四角棒を数回回す。

②

仕は右足を進めて、太刀を打ち落とす。

③

打は右足を引き、八相に構える。

④

打が面を斬るのを、返し棒で太刀を払う。

⑤

返し棒で鍔を叩き落とす。

半棒 ◉はんぼう

長さ	三尺(約91cm)または三尺五寸(約106.1cm)
間合い	中間

半棒は別に「三尺棒」ともいう。これは棒術の定尺を六尺(約182cm)としたための呼称である。したがって、棒術で七尺棒を使用する流儀の半棒は三尺五寸となる。著者は九鬼神《くきしん》流の半棒術を三尺五寸の半棒で稽古した。

半棒は杖代わりになり、携帯に優れている。それに重さも六尺棒に比べれば半減するため、著者は枇杷製の半棒を稽古に使っている。また、柳剛《りゅうごう》流のように杖《じょう》と称して半棒を使う流儀もある。

半棒術の想定は、九鬼神流の場合、対徒手《としゅ》と対剣のふた通りがあり、渋川一《しぶかわいち》流の場合は対懐剣の想定で形が組み立てられている。対徒手の場合の間合いは近間であり、対剣の場合の間合いは中間となる。三尺の長さは棒の前後を両手の操作で自由に入れ替えることができ、護身術としても有効な武器である。半棒術は、あくまでも敵を無傷で取り押さえるための捕手《とりて》の武術であり、敵の攻撃を捌《さば》いたら、すかさず棒端で当身《あてみ》を入れて、逆手を取るのである。

半棒術は江戸市民に好まれ、『北斎漫画』には半棒対半棒の想定による市民の稽古の様子が巧みに描かれているが、これは明治時代に出版された『柔術剣棒図解秘訣』の半棒術の挿画によく似ている。明治から戦前にかけて東京都下で伝承された山辺春正《やまべはるまさ》の十剣大神《じっけんやまがみ》流には「女式半棒」が解説されているが、戦後は絶えた。現在、半棒術を伝える流儀は至って少ないが、各地に残る棒の手のなかにとき折、半棒術を見ることができる。

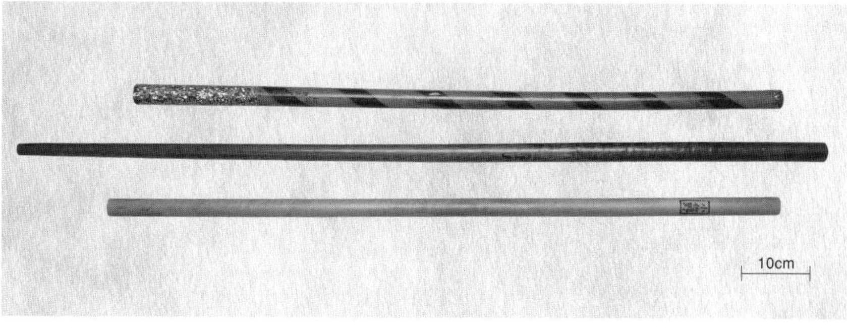

一 巻返 まきかえし（渋川一流）

受 双方座して向かい合いの状態から、受は懐剣を抜き、捕の正面に斬りかかる。

捕 左足を立てて、半棒を平にして受け、膝を踏み替えながら受の右腕に半棒を添えて脇固めにし、懐剣を奪う。

①

双方、座して向かい合う。

②

受は右膝を進める。

③

さらに左膝を進め、懐剣に手をかける。

④

懐剣を抜いて打ち込むのを、捕は左足を立てて半棒で平に受け止める。

⑤

受の右腕を脇固めにし、懐剣を奪う。

二 脛巻 すねまき（渋川一流）

受 双方座して向かい合いの状態から、受は懐剣を抜き、捕の正面に斬りかかる。

捕 右足を受の右足の外側に進め、半棒の右端で受の右手首を受け止め、そのまま半棒で受の懐剣を下に払い落とし、そのまま半棒を受の右膝裏にかけて倒し、足を踏み替えて受の脇腹を棒先で突く。

①

双方、座して向かい合う。

②

受は右膝を進める。

③

さらに左膝を進め、懐剣に手をかける。

④

懐剣を抜いて打ち込むのを、半棒の右端で受け止める。

⑤

そのまま半棒で受の懐剣を下に払い落とす。

⑥

半棒を右膝裏にかけて倒す。

⑦

脇腹を突く。

column

野中之幕《のなかのまく》のこと

日本武術の外之物《とのもの》(武術の技法以外の教え)の伝に「野中之幕」がある。かつて武士の常識的教養のひとつであったこの教えは、現在では『広辞苑』にも出ていない。伝書『一伝流躰術極秘書』には次のようにある。

野中幕　敵陣に忍び入るに矢玉きたりてあやうきときは、衣服の袖へ脇ざしを通し、たてに刀をたて、脇ざしを刀の鍔によこに受けて、十文字の処を左に握り、其かげより忍び入りし。矢玉きたりても勢ひたれて身に当たらず。右十文字は竹などにてもよし。平生の敵に羽織ふろしき様のものを両手にてはり、まぎらすもたすけなきにしもあらず。

野中之幕の要は、羽織などを刀や鞘にかけ、これを左手に持って盾とし、右手に刀を持って進み寄り、敵を打つというものである。もちろん陣中用の心得であり、これが1対1の果たし合いに奏功するものであるかどうかはわからない。

三 附入 つけいり（九鬼神流）

受 右拳で捕の眉間を打つ。

捕 左足を斜め外に進め、同時に左手に持った半棒の右端で受の肋《あばら》を打ち、右手で受の右手首をつかみ、そのまま半棒で受の右腕を押さえ込んで固める。

①

捕は半棒を横一文字に構える。

②

受が右拳で打ち込むのを、捕は半棒で受の肋を打つ。

③

右手で受の右手首をつかむ。

④

半棒で右腕を押さえる。

⑤
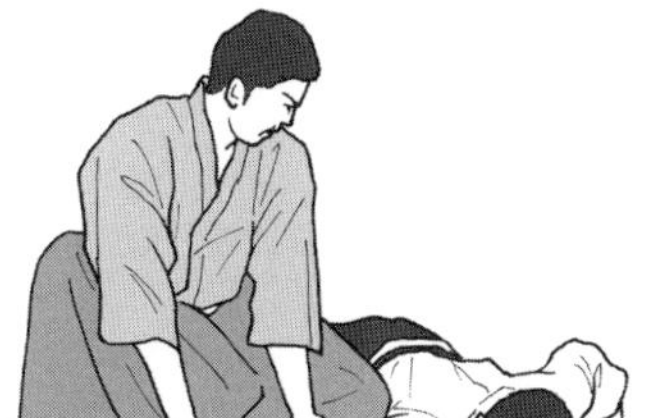
そのまま倒して固める。

半棒十手

◉はんぼうじって

長さ	二尺五寸〜三尺五寸（約75.8〜106.1cm）
間合い	中間

半棒十手は文字通り、半棒に十手の鉤をつけた武器である。十手の鉤を鍔の代用とすれば、剣と同じ使用法が可能になり、実際多くの半棒十手は、鉤から下を両手で把《は》持《じ》するように作られている。しかし、鉤から先の部分も把持することによって半棒としての柔術的な使用法も可能になり、そこにまた、この武器の醍醐味があるのである。十手よりも棒身が長いため、防御にも優れており、攻撃も多彩になる。杖代わりに携帯することもできるが、鉤が邪魔をして不便であるし、美的にも優れない。対敵想定は剣または懐剣である。

残念ながら、この武器を流派のなかで継承している例を知らないが、類似の武器を明治時代に、直心影流《じきしんかげ》の榊原健吉《さかきばらけんきち》が「大和杖」と称して大量生産している。

なお、鉄杖の類に総鉄製の長十手というのがあるが、実用には全く適さない。

類書にこの武器を室町時代のものであると記載したものを見るが、室町時代にこのような木製の捕物道具が発達することはありえない。明らかに江戸後期の道具であり、作である。

ここに紹介した半棒十手は棒身が八角削り、把手《はしゅ》(柄)の部分に黒漆《うるし》がかけてあり、鉄鉤はL字型になっている。鉄鉤は動かないようにするため、「かぶら巻き」にして固定してある。

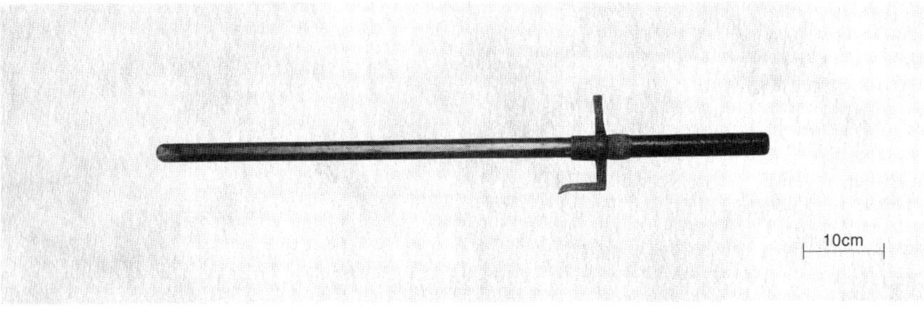

一 逆巻 ぎゃくまき（水月《すいげつ》塾制定形）

打 太刀で正面を斬る。

仕 半棒十手で受け流し、太刀を鉤で引っかけ、打の左肩のほうへ返して太刀を奪う。

①

打は八相、仕は中取りに構える。

②

打が正面を打つのを半棒十手で受けて、鉤で引っかける。

③

太刀を押し込む。

④

太刀を返して奪う。

二　巻落　まきおとし（水月塾制定形）

打　太刀で正面を斬る。

仕　半棒十手の鉤で受ける。

打　仕の右胴を斬る。

仕　半棒十手を立てて受け、そのまま鉤に引っかけて捻り、太刀を奪って棒先で脇腹を突く。

①

打は八相、仕は中取りに構える。

②

打が正面を打つのを、仕は半棒十手の鉤で受ける。

③

打の右胴打ちを、半棒十手を立てて受ける。

④

鉤に引っかけて太刀を奪う。

⑤

棒先で脇腹を突く。

真剣 ◉しんけん

長さ	二尺～二尺八寸（約61～84.8cm）
間合い	中間

真剣は消耗品ではないため、剣術の組稽古では耐久性があり、廉価で大量に仕入れることができる消耗品としての木剣を使用するが、ひとり稽古を主とする居合では、真剣を使う。刀の抜き納めを稽古するには真剣でなければ都合が悪いのである。

中国では片刃の刀と諸刃の剣は明確に区別されているが、日本では諸刃の剣が片刃の「日本刀」の出現によって消滅したため、その名称だけが残り、本来は「刀術」であるべき武術が、多くは「剣術」と称されるようになった。また、近世には刀が兵、すなわち武士の必携品となり、その代名詞のようにもなった「大小二本差し」の関係から、刀を使う武術を一般に兵法と呼ぶことが多かった。

日常、武士が外出する際に腰に帯びる大小は、居合の稽古にそのまま同じものを使ったのであろうか。今ひとつ疑問が残るところである。実際、居合の稽古には、稽古用の刃引《はびき》刀を使用する流儀も少なからず存在しているし、多くの流儀は脇差を差さないで稽古をしている。

江戸時代には、武士の刀の長さを統制するための定寸の掟が二尺三寸(約69.7cm)と規定されていたが、武術では流儀によって長短反りさまざまであった。身長三尺(約91cm)の居合の達人が、身の丈と同じ三尺の刀を帯び、その鐺《こじり》に車をつけて歩いたとはよくある話である。

物の長さというのは、先人がいろいろと工夫実践を重ねたうえで、最も使いやすい

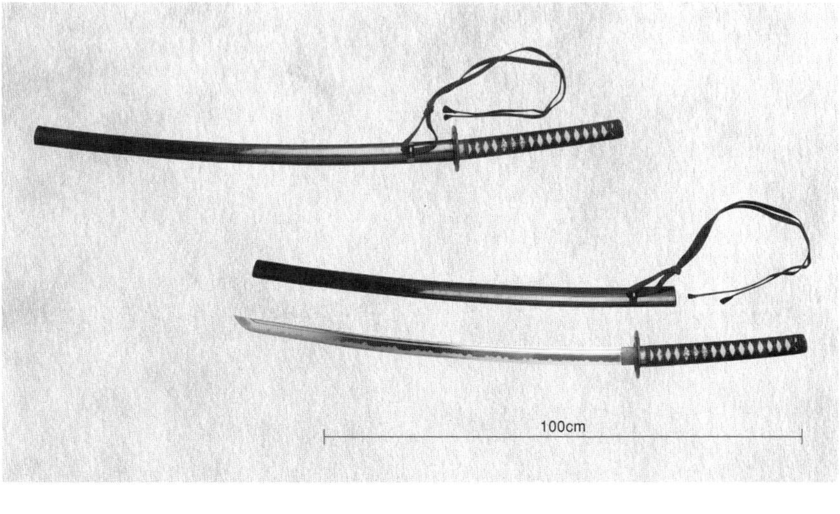

長さに落ち着くものであると考えられる。平均身長が五尺(約152cm)であった江戸時代の侍に二尺三寸が最も使いやすい長さであったとすれば、今の我々はもっと長い刀を使うべきであろう。

実際、幕府の権力が失墜してくる幕末に活躍した志士の帯刀を見ると、ずいぶんと長い刀を差していることがわかる。これらは「勤王刀」といい、多くは二尺八寸もあり、土佐や水戸の藩士が好んで差した。実戦では長さを利しての突きが功を奏したという。

技法では、真剣を使う武術として八戸藩伝の神道《しんとう》無念《むねん》流立居合を五本解説する。

一　二本目　にほんめ（神道無念流）

右足を出し袈裟に抜き上げる。右足を引き刀を左下に回して左上から右下に袈裟に斬る。真剣を上段に構え、右足を出して右から左に袈裟に斬り下げ、頭上に受け流して、左足を進め、左から右へ袈裟に斬りつける。納刀は逆手で行う。

①

右足を出し、袈裟に抜き上げる。

②

右足を引き、刀を左下に回す。

③

袈裟に斬る。

④

上段に構える。

⑤

右足を出して袈裟に
斬る。

⑥

頭上に受け流す。

⑦

左足を進めて袈裟に
斬る。

⑧

足を揃えて正眼に構える。

⑨

右手を逆手に持ち替える。

⑩

刀を肩に立てる。

⑪

納刀(一)。

⑫

納刀(二)。

二　四本目　よんほんめ（神道無念流）

正面に対して後ろ向きに立つ。敵が後方から両腕で締めるのを、両肘を張って脱し、右足を出して真剣を逆手で下に抜き、左肩から後方を突く。右足を引いて右脇から後方を突き、八相に構えて右足を進め、前方の敵を袈裟に斬り、体を後方に転換して、右八相から右足を進めて後方の敵を袈裟に斬る。

①

正面に対して後ろ向きに立つ。

②

両肘を張る。

③

逆手で下に抜く。

④

左肩から後方を突く。

⑤

右脇に真剣を水平に取る。

⑥

後方を突く。

⑦

八相に構える。

⑧

右足を進めて袈裟に斬る。

⑨

後方転換して八相に
構える。

⑩

右足を出して袈裟に斬る。

⑪

足を揃えて正眼に構
える(以下、二本目の
⑨に続く)。

三　八本目　はっぽんめ（神道無念流）

正面に対し左向きに立つ。真剣を頭上に抜き上げ、右足を右に進めて、右の敵を袈裟に片手斬りする。左足を進めて剣を頭上で受け流し、右足を進めて袈裟に斬り、真剣を頭上に受け流し、左足を進めて袈裟に斬る。

①

正面に対し左向きに立つ。

②

真剣を頭上に抜き上げる。

③

右の敵を袈裟に片手斬りする。

④

左足を進め、真剣を頭上で受け流す。

⑤

右足を進めて袈裟に斬る。

⑥

頭上に受け流す。

⑦

左足を進めて袈裟に
斬る。

⑧

足を揃えて正眼に構
える（以下、二本目
の⑨に続く）。

column

武器か道具か

古武器を収集していると、いろいろな未知なる物に出くわす機会がある。それが果たして武器かどうか判断のつかないことも多々ある。著者にも失敗談はいくつかある。鉤無十手《かぎなしじって》と間違えて、船大工が使う「鍔のみ」を買ってしまったことがあり、また、ウナギを捕獲する道具を捕物の武器と勘違いして買ったこともある。京都の骨董店では、馬具を隠し武器だと思って購入した苦い経験もある。

大工道具にしても漁具にしても、武器として使えば武器になる。ただし、それらは武器にはなっても本来の目的は人を傷つけるものではない。中国の各種長兵器にしても、ほとんど同型のものが神社仏閣の法具として残っているし、真言秘密の各種法具は武器そのものである。

しかし、武器は武器、道具は道具であって、はっきりと区別をする必要がある。仕込杖もそれを武器として使う機会がなければ、それは単なる杖という生活用具でしかありえない。

四 九本目 きゅうほんめ（神道無念流）

右足を出し袈裟に抜き上げる。右足を半歩引き、剣棟で下段を外に払う。右足を引き、真剣を左に回して袈裟に斬りつける。

①

抜刀用意。

②

右手を柄にかける。

③

スラスラと抜く。

④

一気に抜き上げる。

⑤

右足を半歩引き、剣棟で下段を受ける。

⑥

真剣を左に回す。

⑦

袈裟に斬る。

⑧

足を揃えて正眼に構える（以下、二本目の⑨に続く）。

五 十本目 じっぽんめ（神道無念流）

右足を出し袈裟に抜き上げる。左足、右足と進め、真剣を左に回して袈裟に斬る。さらに左足、右足と進め、真剣を上段に構える。

①

スラスラと抜く。

②

一気に抜き上げる。

③

左足を進め、真剣を左に回す。

④

右足を進めて袈裟に斬る。

⑤

さらに左足、右足と進め、上段に構える。

⑥

正眼に下ろす（以下、二本目の⑨に続く）。

木剣 ◉ぼっけん

長さ	二尺〜五尺（約61〜152cm）
間合い	中間

木剣とは、真剣の代用として剣術の形稽古に使用する「木刀」「木太刀」のことである。材質はほとんどが樫である。抜刀動作を稽古できるようにした鞘付木刀というのもある。

木刀の形態は流儀によって千差万別であり、それぞれに趣がある。

大別すると、反りの有無、鍔の有無で、4通りの木剣に分けられる。新陰流《しんかげ》や神道《しんとう》流の系統では鍔無木剣を用いている。なぜ鍔を外してしまったのか、その理由を寡聞にして知らない。鍔のない真剣はないし、鍔は剣術の技術のなかで極めて重要な役目をするからである。

木剣にはずいぶんと長いものや、太いものがある。鍛錬用は別として、流儀の形稽古にはどう見ても不合理としか思えないものもある。また、丸削りの棒に鍔をはめた木剣もあるが、これは剣術の稽古にはならない。棒術か薙刀の受用かもしれない。現在の天然理心《てんねんりしん》流が使っているような無骨な極太の木剣は、客観的に見ても理想とは思えないが、著者の見たいくつかの天然理心流の古い時代の木剣は、いずれもスマートで鍔のある使いやすいものだった。群馬の念《ねん》流や埼玉の甲源一刀《こうげんいっとう》流、江戸派の柳生心《やぎゅうしん》眼《がん》流などは、現在でも流儀規定の鍔付木剣を使用している。

兵法二天一《にてんいち》流の形用木剣にも鍔はなく、非常に軽量にできているが、これが真剣であったらどうなるのだろうか。形と同じようには決して使うことはできない。

薙刀や槍も稽古用のものは全体が木製であり、十手《じって》や鎖鎌も稽古には多く木製を使用する。

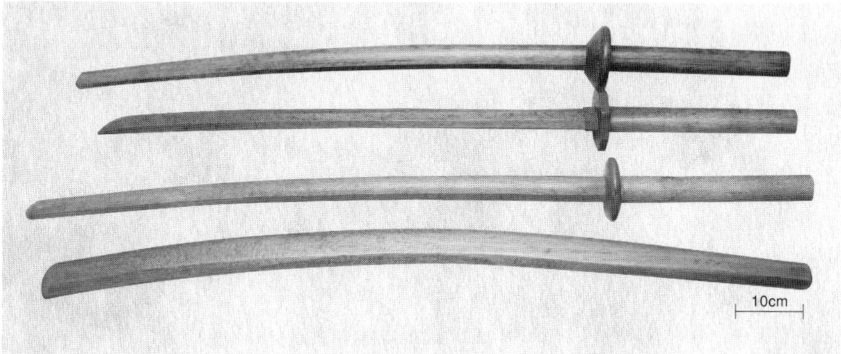

一 一本目 いっぽんめ（力信流《りきしん》五《ご》ヶ《か》刀《とう》之《の》次第《しだい》）

仕 打 ともに三歩進み、下段で抜き合わせる。

打 面を斬る。

仕 右足を引き、受ける。

打 上段に構える。

仕 右足を進め、左胴を斬る。

打 正面を斬る。

仕 右胴を斬る。

①

間合いを取って呼吸を図る。

②

双方、三歩進み、下段で抜き合わせる。

③

打が面を打つのを、右足を引いて受ける。

④

打が上段に構えるとき、仕は右足を進めて左胴を斬る。

⑤

打は正面を斬る。仕は体を左に捌《さば》いて右胴を斬る。

二 二本目 にほんめ（力信流五ヶ刀之次第）

一本目の仕の左右胴斬りが、左右小手斬りに変わるだけで、その他は同じ。

①

双方、間を取り見合う。

②

双方、三歩進み、下段で抜き合わせる。

③

打が面を打つのを、右足を引いて受ける。

④

打が上段に構えるとき、仕は右足を進めて左小手を斬る。

⑤

打は正面を斬る。仕は体を左に捌いて右小手を斬る。

三 三本目 さんぼんめ（力信流五ヶ刀之次第）

仕 打 ともに三歩進む。

打 三歩目に仕の右足を斬る。

仕 右足を上げ、打の木剣を押さえ、左上に払って飛び込み胴を斬る。

打 左八相になる。

①

双方、三歩進む。

②

打は仕の右足を斬る。仕は右足を上げ、打の木剣を押さえる。

③

仕は打の木剣を左上に払い上げ、飛び込み胴を斬る。

四 四本目 よんほんめ（力信流五ヶ刀之次第）

仕 打 ともに三歩進む。

打 木剣を抜き上げる。

仕 さらに左足を進め、木剣を抜いて打の喉に剣先をつける。左手は剣棟を支える。

打 右足を引き、上段になる。

仕 右足を進め、左胴を斬る。

打 右足を進め、正面を斬る。

仕 体を左に替え、右膝を着いて右腰を斬る。

①

双方、三歩進む。

②

打が木剣を抜き上げるとき、仕は左足を進め、剣先を打の喉につける。

③

打が右足を引き上段になるとき、仕は右足を進めて左胴を斬る。

④

打は右足を進めて正面を斬る。仕は左に体を捌き、右膝を着いて右腰を斬る。

五　五本目　ごほんめ（力信流五ヶ刀之次第）

行き違いに仕は右胴を斬り、打は右肩を斬る。

打　上段になる。

仕　打の正面に移って左胴を斬り、さらに右膝を着いて打の右足を左から右へ斬る。

打　右足を上げて外し、右足を踏み込んで面を打つ。

仕　面を受け、立ち上がりながら打の木剣を右に落とし、首を引き斬る。

①

双方、行き違いに歩み寄る。

②

打は右肩を、仕は右胴を斬る。

③

仕は打の正面に入り、左胴を斬る。

④

仕は右膝を着き、打の右足を左から右へ斬る。打は右足を上げて外す。

⑤

打の正面打ちを仕は受ける。

⑥

仕は立ち上がりながら、打の木剣を右に落とす。

⑦

すかさず打の首を斬る。

袋竹刀

◉ふくろしない

長さ	全長三尺三寸（約100cm）前後
間合い	中間

竹刀には、現在の剣道で使用している竹身そのままのものと、竹刀全体を革で覆った袋竹刀がある。ここでは、古流が江戸時代に素面、素小手で稽古に使用していた、袋竹刀について紹介する。

袋竹刀は剣道竹刀と違って、竹をさらに細かく縦割りにし、打ったときに「撓《しな》る」ように工夫してある。割り方にはいろいろあるが、普通は鍔元から4割、8割、16割にしてあることが多い。古くは新陰《しんかげ》流の「蟇肌《ひきはだ》竹刀」があり、後世多くの剣術流派が袋竹刀を採用したが、打ったときの撓りが醜いと非難する流儀もあった。

現存流儀で袋竹刀を使用しているのは新陰流、新当《しんとう》流、念《ねん》流、それに著者が学んだ力信《りきしん》流と浅山一《あさやまいち》流などがある。また、関口《せきぐち》流柔術の小具足の形で使用する小刀も、袋で包んである。

念流は、剣術のなかではまさに古色蒼然とした地方流儀で、その袋竹刀稽古の際に用いる小手や面は、すべて流儀のオリジナルである。浅山一伝《あさやまいちでん》流剣術の袋竹刀は全長三尺（約91cm）で、木製の鍔をつける。

袋竹刀の稽古の多くは素面、素小手で行う。稽古仕合での軽い打ち合いでは何ら負傷することはない。それでも同じ場所を何度も叩かれると、赤く腫れ上がってくるが、実力に差がある場合にはこの光景がよく見られる。

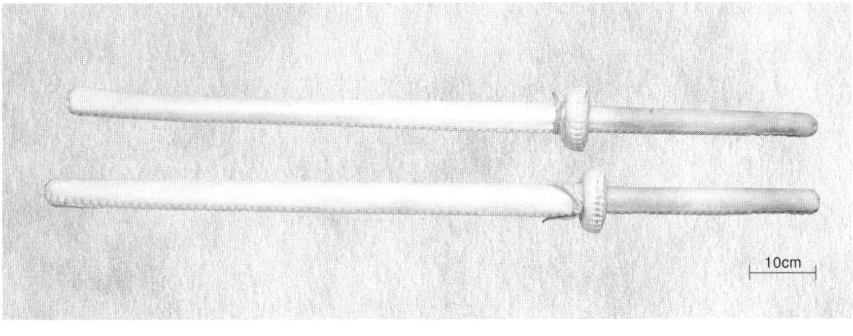

一 胴斬 どうぎり（水月塾《すいげつ》制定形）

打 仕 ともに正眼に構える。

打 右肩へ斬り込む。

仕 受け止めて右胴を斬る。

①

双方、正眼に構える。

②

打は仕の右肩へ斬り込む。

③

仕は受け止めて右胴を斬る。

二 脛斬 すねぎり（水月塾制定形）

打 面に打ち込む。

仕 左へ受け流して右足を内より斬る。

①

双方、正眼に構える。

②

打より仕の面を打つのを、仕は受け流す。

③

仕は左膝を着き、打の右足を内より斬る。

三 太刀払 たちばらい（水月塾制定形）

打 仕 ともに八相より袈裟に斬り結ぶ。

仕 袋竹刀を返して左から右に打の袋竹刀を払い落とし、返す袋竹刀で打の両腕を斬る。

①

双方、八相に構える。

②

双方、袈裟に斬り結ぶ。

③

仕は袋竹刀を返して、打の袋竹刀を払い落とす。

④

返す袋竹刀で打の両腕を斬る。

大小二刀

◉だいしょうにとう

長さ	大は打刀、小は小太刀（脇差）に同じ
間合い	中間

大小二刀とは江戸時代に武士のシンボルとなった二刀差し、すなわち打刀と脇差のことである。宮本武蔵《みやもとむさし》が二天一流《にてんいち》を開き、一躍二刀流は有名になったが、戦場で実際に二刀の技法が使用された記録はほとんど残っていない。打刀を使用する武術、すなわち日本の剣術は両手斬りが大原則であり、最初から片手斬りを想定することはありえない。居合の抜きつけは片手斬りであるが、続く動作は両手斬りである。

二天一流の形はゆっくり打つことが肝要である。腰も落としてはいけない。著者の研究では、武蔵の二刀流は実戦の形ではなく、精神力、気力、威圧力をもって敵を萎縮させてしまう一種の魔法のような剣術であるという結論に至っている。

ところが、江戸後期になると仕合剣術が盛んになり、竹刀による二刀流が一世を風靡した。竹刀は軽いし、刃筋を重視しないから片手使いが容易にできるのである。もし、真剣による二刀使いが可能であるとするならば、次に技法で示すように、一瞬の勝負を必要とする。

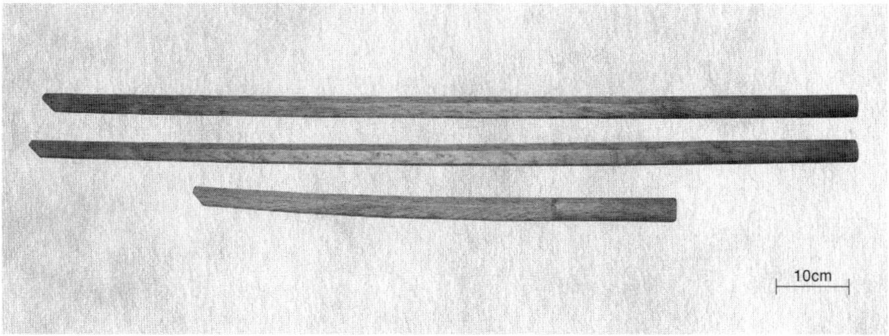

一 くの字打ち くのじうち（新免《しんめん》二刀《にとう》流）

仕 上段。

打 正眼。

仕 一瞬、間をやや詰め、小刀で打の太刀を右に押さえ、両手が交叉するように左手の上から大刀で打の右小手を斬る。このとき、仕の右腕と大刀は「く」の字になる。

①

打は正眼、仕は上段の構え。

②

仕は小刀で打の太刀先を右に押さえる。

③

左手の上から大刀で打の右小手を斬る。

二　十字崩し　じゅうじくずし（新免二刀流）

打　下段の構え。

仕　十字の構え。

打　十字の構えを下から上に払って、上段に取り、攻めの体勢に入る。

仕　打の面より早く大刀で左胴を打ち、同時に小刀で面を防ぐ。

①

打は下段、仕は十字に構える。

②

打は仕の十字構えを下から上に払う。

③

仕は打が上段になるやいなや、すかさず大刀で左胴を打つ。

三 誘引 さそいびき（新免二刀流）

打 正眼の構え。

仕 上段の構え。

打 仕の左小手を打つ。

仕 小刀の握りを左に開いて斜めに受け、大刀で面を打つ。

①

打は正眼、仕は上段に構える。

②

打は仕の左小手を打つ。

③

仕は小刀の握りを左に開いて受け止め、大刀で面を打つ。

二刀小太刀

◉にとうこだち

長さ	一尺八寸（約54.5cm）
間合い	中間

二刀小太刀は、小太刀を両手に持って使う。そのぶん、一刀に比べて受けと攻撃が多彩になる。武術の流派では、天道流《てんとう》や柳生心眼流《やぎゅうしんがん》がこれを伝えている。

天道流では右手に一尺六寸(約48.5cm)、左手に一尺五寸五分(約47cm)の小太刀を持って形を打つ。天道流の二刀小太刀の形は『表裏の目録』に「二刀の位」七本と「二刀極意の位」四本があり、『五段位唯授一人《ごだんいゆいじゅいちにん》』に五本の形が伝えられている。これらの技法は著者が阿部豊子《あべとよこ》先生より教えを受け、継承している。

右利きの者が両手に同じ武器を持って使う場合、左は防御(受け)に、右は攻撃に用いる。右利きの場合、左手が防御に適しているのは野球も同じで、左手でボールを受け、右手で投げるのである。二刀小太刀も同じで、左の小太刀で敵の攻撃を受け、あるいは敵の太刀を殺し、右の小太刀で斬り、そして突く。両腕を十分に伸ばして使用するため、武器そのものは短いが、体捌《さば》きによって太刀の間合いで攻防できる。

武士の日常の姿から判断すると小太刀を2本所持しているというのは疑問であるが、武術の技法には、日常の常識とは違った想定で行うものが多い。

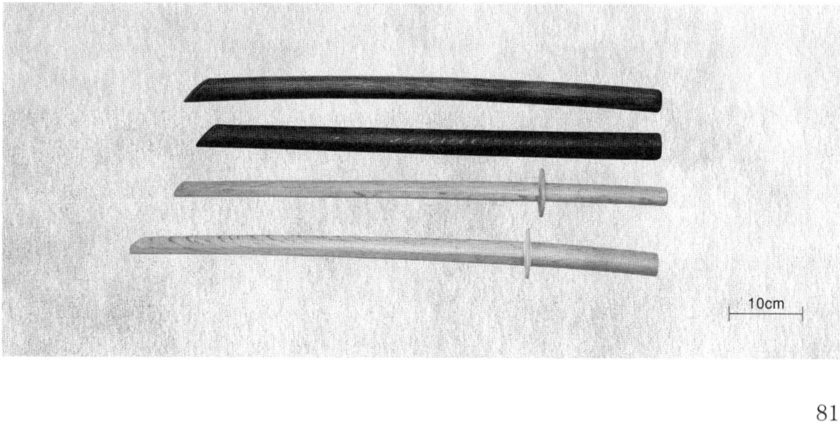

一 意巻 いまき（天道流五段位唯授一人の一）

打 正眼の構えから右足を引き、八相の構え。

仕 小太刀の刃を内側に返して構え、二刀同時に右横に刃を前にして構え、左足、右足と進む。

打 右足を進め、面を斬る。

仕 左足を進め、面を左小太刀で受け、右足を進めて右小太刀で左裏小手を斬る。

①

打は正眼の構え。仕は小太刀の刃を返して腰前につける。

②

打は八相の構え。仕は右斜め下に構える。

③

打は右足を進めて面を斬る。仕は三歩進んで左小太刀で受けると同時に右足を進め、右小太刀で左裏小手を斬る。

二 観巻 かんまき（天道流五段位唯授一人の一）

打 正眼の構えから右足を引き、中霞《なかがすみ》の構え。

仕 両小太刀の切っ先を一寸(約3cm)開き、左足、右足と進む。

打 右足を進め、仕の胸を突く。

仕 左足を進め、左小太刀で突きを押さえ、右小太刀で打の右肩を斜めに斬り下げる。

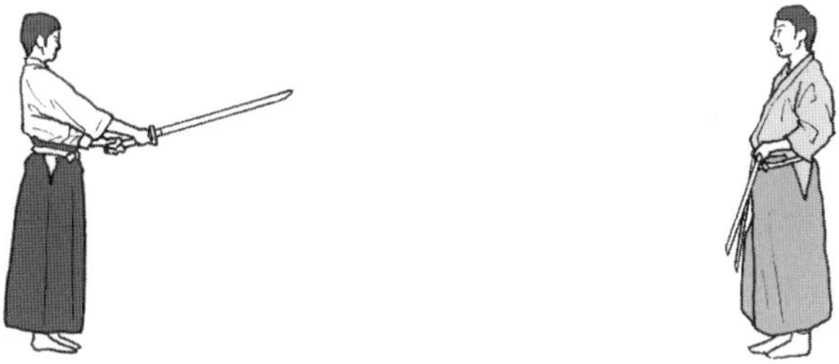

① 打は正眼、仕は小太刀の刃を返して腰前につける。

② 打は中霞、仕は両小太刀の切っ先を一寸開いて膝前に構える。

③ 打は右足を進め、仕の胸を突く。仕は左足を進め、左小太刀で突きを押さえる。

④ 右小太刀で打の右肩を袈裟に斬り下げる。

⑤ そのまま右小太刀を右後方下まで斬る。

小太刀 ◉こだち

長さ	一尺八寸（約54.5cm）
間合い	中間

武士が差す大小のうちの小、すなわち脇差を武術では小太刀という。長さは一尺八寸が標準であるが、多少の長短は見られる。特に二尺（約61cm）ぎりぎりの寸法は「長脇差」と称し、太刀差しを許されないアウトローが差した。

武術としての小太刀は、太刀（大刀）に対する想定で形が成り立っている。小太刀の使用法が太刀と最も違うのは、片手使いになる点である。そのため体は半身に構える。小太刀が太刀よりも不利なのは当然であり、だからこそ技術でその不利を克服するところに武術としての妙がある。小太刀は太刀に比べて短いぶんだけ、敵の懐に踏み込むことが要求される。すなわち、左右への体捌《さば》きの鍛錬を徹底的に行うのである。当然、斬る技もあるが、極意とするところは突きである。仙台藩に伝えられた八重垣《やえがき》流の小太刀はこの体捌きからの入身《いりみ》を得意とし、その達者が柱に突きを入れると五寸（約15.2cm）もめり込んだという。

日本剣道形に小太刀の形があるが、試合に小太刀がないのは不思議である。

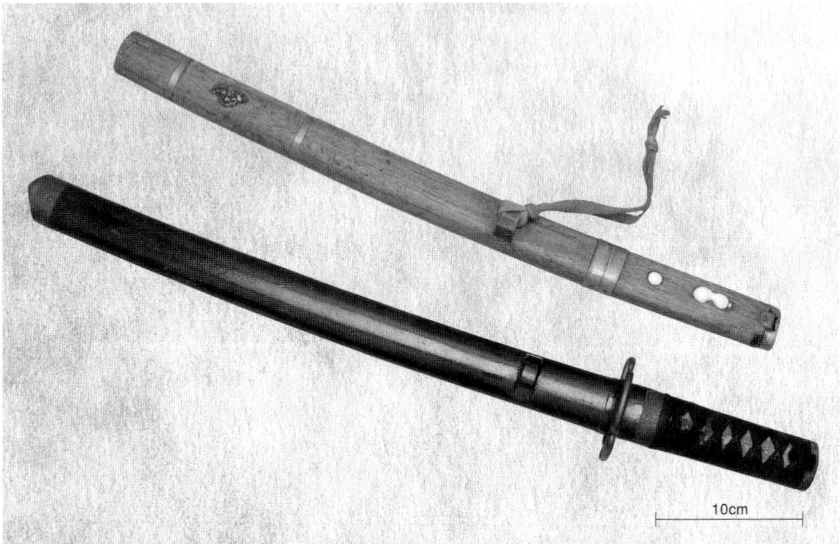

一 相打 あいうち（天道《てんとう》流極意小太刀の一）

打 正眼の構え。

仕 片手正眼の構え。左手は腰。

打 右足から二歩進む。

仕 右足から三歩進み、打の切っ先を牽制する。

打 太刀を下から上に回して上段に振りかぶり、右足を進めて正面を斬る。

仕 左足から斜め前に体をかわし、小太刀の鎬《しのぎ》で受け流し、面を斬り返す。

①

打は正眼、仕は片手正眼の構え。

②

打は二歩、仕は三歩進み、打の切っ先を牽制する。

③

打は太刀を下から上に回して上段に構える。

④

打は右足を進めて正面を斬る。仕は左に移り、小太刀で受け流す。

⑤

そのまま面を斬り返す。

二　中霞 なかがすみ（天道流極意小太刀の一）

打　正眼の構えから右足を引き、八相の構え。

仕　片手正眼の構え。

打　仕　ともに二歩進む。

打　右足を進め、左面を斬る。

仕　右足を斜め前に踏み出し、左手は切っ先の棟を持ち、中霞に受け、左手で打の左手を押さえ、両腕に斬りつける。

①

打は正眼、仕は片手正眼の構え。

②

打は八相に構え、双方、二歩進む。

③

打は右足を進めて左面を斬る。仕は左手で切っ先の棟を持ち、中霞に受ける。

④

左手で打の左手を押さえ、両腕に斬りつける。

短刀

◉たんとう

長さ	九寸五分（約28.8cm）が基準
間合い	中間

短刀と次項で解説する懐剣は、あまり厳密に区別していないことが多い。ここでは九寸五分を基準とし、およそ九寸（約27.3cm）以上のものを短刀として分類する。

「九寸五分」というのは短刀（匕首《あいくち》）の代名詞になっており、この長さは実際のところ懐には収まらない。

短刀術では短刀を最初から手に持って構えるが、懐剣術では極めの瞬間に懐剣を懐から抜き出して使う。また、小太刀と短刀の技法上の大きな相違は次の点にある。

1. 小太刀は太刀と対等に構えて組み、太刀の攻撃を受け流すことができるが、短刀で太刀を受け流すことは極めて危険である。
2. 小太刀は左右への捌《さば》きを重視するが、短刀は正面からの瞬間の入身《いりみ》を重視する。

これは、あくまでも著者が学んだ天道流《てんとう》による解釈であり、他にも両者の特性はあるものと思われる。天道流では小太刀と短刀をはっきり区別し、それぞれ別のひとくさりとして学ぶことになっている。

一 待見 たいけん（天道流）

打 正眼の構えから右足を引き、八相の構え。

仕 短刀の刃を前に向け、腰前につける。左足より三歩進み、中取りに構える。

打 右足を進め、正面を攻める。

仕 右足を進めて組足になり、体を低くして打の右脇にかざすように脇に斬り上げる。

①

打は八相、仕は刃を前に向けて腰前につける。

②

仕は三歩進み、中取りに構える。

③

打は右足を進めて正面を斬る。仕は入身して脇に斬り上げる。

二 不離剣 ふりけん（天道流）

打 正眼より右足を引き、中取りに構える。

仕 短刀の刃を前に向け、腰前につける。左足より三歩進み、短刀の刃を上にして後ろに構える。

打 右足を進め、仕の腹部を突く。

仕 上体を左に開いて組足になり、短刀の刃で上に受け、剣の左鎬《しのぎ》から右鎬へすり入り攻める。

①

打は中取り、仕は刃を前に向けて腰前につける。

②

仕は三歩進み、短刀の刃を上にして後ろに構える。

③

打は右足を進め、仕の腹部を突く。仕は短刀の刃で上に受ける。

④

仕は剣の左鎬から右鎬へすり入り攻める。

懐剣

◉かいけん

長さ　九寸（約27.3cm）以下
間合い　近間

懐剣は剣の分類から見れば、最も短い剣であるということができ、ここでは九寸以下の剣と規定する。実際、九寸以下でなければ懐に隠し持つことはできない。

白無垢で婚礼を執り行うとき、花嫁の帯には懐剣が差し込まれる。これはもともと武家の娘が嫁ぐときの習慣である。「武家の嫁として自分の身は自分で護る」という意味である。また、刀が持つ邪気払拭の信仰性により、花嫁を災難から護るという役目もある。

懐剣は武術としては薙刀に付随することが多い。敵との間合いが詰まり過ぎた場合には、薙刀の操作ができなくなる。そのときには瞬時に懐から懐剣を抜いて、敵を刺すのである。また、広島に伝わる渋川一《しぶかわいち》流柔術には、懐剣で斬りかかる敵を制する「懐剣捕」の形があり、著者も相伝を受けている。明治時代に東京で盛んであった十《じっ》剣大神《けんやまがみ》流に女子用の懐剣術があったが、戦後絶伝した。

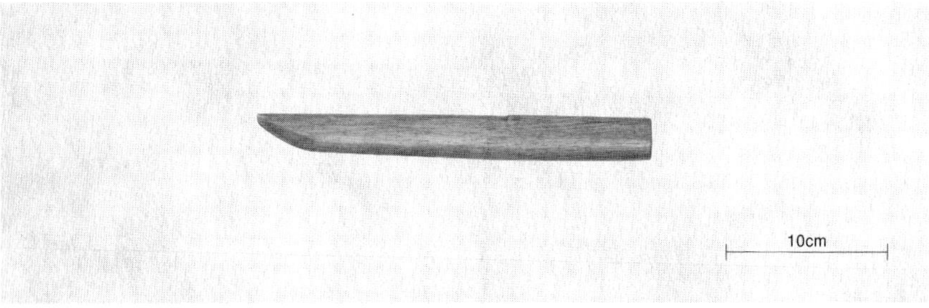

一 剣震之事 つるぎふらしのこと（穴澤《あなざわ》流）

薙刀に付随する場合の形。

薙刀 薙刀は上段より正面を打ち込み、そのまま押し込む。

太刀 薙刀の打ち込みを受け、押し込まれる。

薙刀 薙刀を左手で支え、右手で懐剣を抜き、太刀の腰を突く。

①

薙刀は上段、太刀は下段に構える。

②

薙刀は上段より打ち込み、押し込む。太刀は受ける。

③

薙刀を左手で支え、
右手で懐剣を抜いて
太刀の腰を突く。

二 辻合 つじあい（水月《すいげつ》塾制定形）

太刀 相手と行き違った瞬間、振り向きざまに右手で太刀を抜いて、相手を抜き打ちに斬りつける。

懐剣 行き違った瞬間、太刀の仕掛けに気づき、懐剣を抜いて、相手の懐へ入るようにして下から手首を斬り上げ、その返しで首を斬る。

①

双方、行き違う。

②

太刀は振り向きざまに太刀を抜いて斬りつける。

③

懐剣は太刀の懐へ入るようにし、下から手首を斬り上げる。

④

その返しで首を斬る。

鉄刀

◉てっとう

長さ	一尺五寸〜一尺八寸（約45.5〜54.5cm）
間合い	中間

鉄刀は別名を「鉢割り」とか「兜割り」ともいい、刀や兜を割る短刀として用いられたが、実用性については定かではない。元来、捕物に使用されたため刃はついていない。どちらかといえば十手《じって》に似ている武器である。用法も十手や鉄扇に似ており、刀身のつけ根に短い鉤のような部分があるが、これは鍔の代用としての存在であり、十手のように敵の刀を鉤で受け止めることはできない。鉄刀はなぜか、武術流儀にはほとんど採用されることがなかった。

鉄刀は握りが細いと打つのに都合が悪いため、柄を刀のようにつけたものや、刀身が鞘に収まるようにし、短刀と同じ拵《こしら》えにしたものを多く見かけるが、これらは握りに力が入るように工夫されている。

十手との大きな違いは、鍔から先は反りがあり、ほとんど一般的な刀と同じ形状になっていること、それに本来は鞘に入れるものであるということである。茶室で武士が用いる茶刀《ちゃがたな》も、鉄刀の変化と見ることができる。

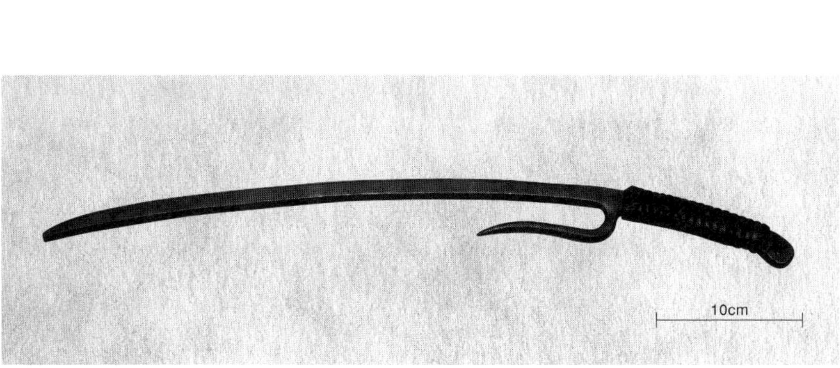

一　柄留　つかどめ（水月《すいげつ》塾制定形）

受 座して刀の柄に右手をかける。

捕 鉄刀で受の右手を制し、左手で肘を止め、鉄刀で眉間を打つ。

①

双方、向かい合って座す。

②

受は抜刀に入る。捕は受の右手を鉄刀で制す。

③

捕は左手で肘を押さえ、鉄刀で眉間を打つ。

二 浪返 なみかえし（水月塾制定形）

受 面、右胴と斬り、上段に構える。

捕 面を受け、胴を受け、上段へ移るところへつけ入り、喉を突く。

① 受は上段に構える。

② 受の面打ちを鉄刀で受ける。

③ 受の胴斬りを受ける。

④ つけ入り、喉を突く。

十手 ◉じって

長さ	長短さまざま
間合い	中間

十手は「実手」とも書く。全長一尺八寸(約54.5cm)が規格で、鉤から下の柄が六寸(約18.2cm)、上の鉄棒が一尺二寸(約36.4cm)である。鉤はひとつが普通であるが、ふたつあるものや4つあるものもあり、刀の鍔状のものもある。また、別項で解説する鉤のない十手もある。

一尺八寸の長さは、小太刀や鎖鎌の定寸ともなっており、伝統的な数字である。しかし多くの十手は、この規格よりも短くなっている。

宮本武蔵《みやもとむさし》の父・無二之助《むにのすけ》、さらにその父・平田将監《ひらたしょうげん》はともに十手術の名人であり、武蔵の二刀の発想も、もとはこの十手術にある。ただし、宮本系の十手は普通の十手と形状が異なり、折り畳み式で、広げた状態にすると文字通り十文字となる。恐らく、これが十手の語源だろうと思われる。

柔術流儀では、稽古十手として多くは木製十手を使用し、短棒術と同様の使い方をしている。他武器との合体型としては、鉄扇十手、鎌十手、半棒十手、鳶口十手などがある。次項で解説するが、十手を両手に持って使う「二丁十手」というのもある。

十手は単独で流儀を形成することは少なく、多くは柔術や剣術を主体とする流儀のなかの一種目として伝えられている。現存する流儀には、一角流《いっかく》、渋川一流《しぶかわいち》、竹内判官流《たけのうちほうがん》、駒川改心流《こまがわかいしん》、養心流《ようしん》などがある。

十手の想定する敵の武器はもちろん刀である。敵の刀を十手の鉤で受け止めるというのは限りなく困難な技であるが、それを稽古で克服しようというのが十手術であり、それこそが武術というものである。また、十手は実用面よりはむしろ捕方《とりかた》の身分証明

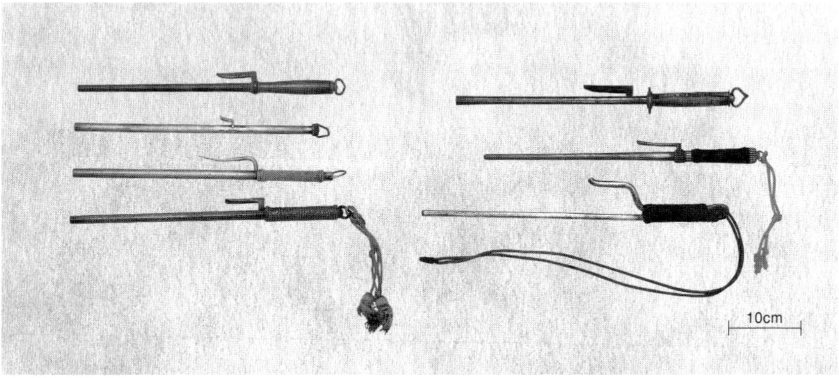

の具としての意味に重きをなしていた。

後述する中国武術には、十手に形状が似ている武器として「鉄尺《てっしゃく》」(日本では釵《さい》という)があるが、使用法を含めて全く概念の異なるものである。

一 巻返 まきかえし（渋川一流）

太刀 上段より正面を斬る。

十手 右手に逆持ちした十手で受け止め、巻き込んでそのまま腕逆《うでぎゃく》を極め、左膝を着いて十手を捨て、脇固めにする。

①

太刀は上段に構える。

②

太刀が正面を斬るのを十手で受ける。

③

そのまま太刀、腕ともに左脇に巻き込む。

④

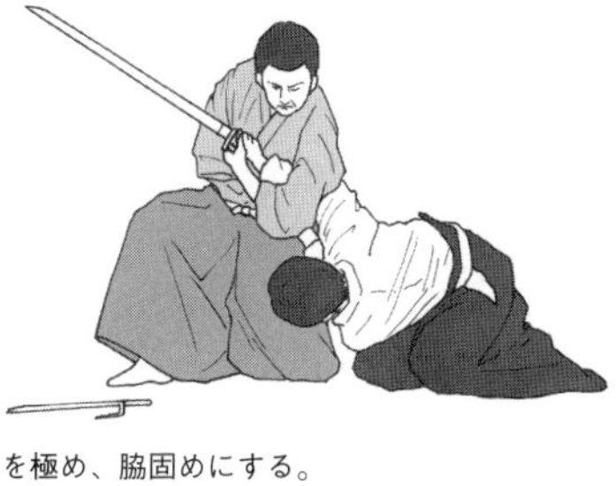

腕逆を極め、脇固めにする。

二 返し取り かえしどり（水月《すいげつ》塾制定形）

太刀 上段より正面を斬る。

十手 右手に逆持ちした十手で受け止め、太刀を相手の左肩に押し返し、左手で柄をつかんで太刀を奪い取り、水月に剣先をつける。

①

太刀は上段に構える。

②

太刀が正面を斬るのを十手で受ける。

③

太刀を押し返し、左手で柄をつかむ。

④

太刀を奪い、水月に剣先をつける。

二丁十手 ◉にちょうじって

長さ	長短さまざま
間合い	中間

二丁十手は、普通の十手を片手に持ち、もう一方の手に鉤無十手(短棒)を持つ。江戸町方が使ったという二丁十手術は、左手に十手を持ち、右手に鉤無十手を持つが、著者が伝える甲州陣屋伝《こうしゅうじんやでん》の武術はその逆である。

現在は失伝しているが、仙台藩の国境警護の役人に伝承した神徳流《みとくりゅう》には、中国の「鉄尺《てっしゃく》」(日本では釵《さい》という)と同様に鉤が2本、逆方向に派出した十手がある。これを「満字転木《まんじてんき》」といい、両手に持って使う場合には「両転木伝」と称している。まさに中国武術そのものである。

二丁十手を使用する場合、相手の剣を受け止め、一撃を浴びせたら、すぐに敵の剣を奪う。敵の得物を奪えない場合には、いつまでも両手に十手を持っていてはいけない。敵の逆手を制して捕縄《とりなわ》をかけるため、すぐさま十手を捨てる必要がある。渋川一《しぶかわいち》流柔術に伝承する十手術でも、敵の腕逆《うでぎゃく》を取る場合には十手を捨てることになっている。一方の十手を敵に投げつけることもしばしばある。

一　突懸　つっかけ（水月《すいげつ》塾制定形）

打　喉元を突く。

仕　逆手に持つ十手で受け流し、鉤に引っかけて、棒で喉を突く。

①

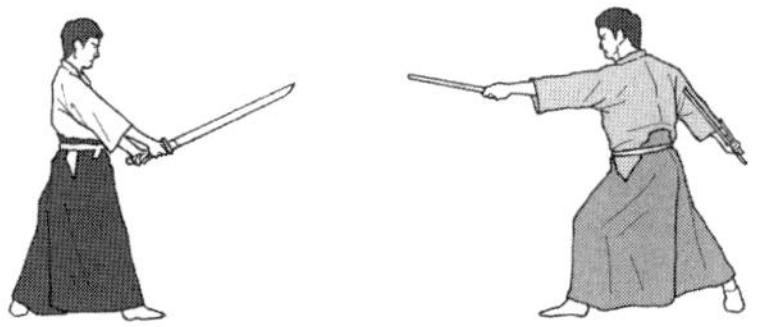

打は正眼に構える。

②

打は左足を進め、太刀を左腰に引く。

③

打は仕の喉元を突く。仕は十手で受け流す。

④

仕はそのまま、直ちに棒で喉を突く。

二 乱火《らんか》

打 八相の構えで間を詰める。

仕 打に棒を投げつけ、打がその棒を払った瞬間、入身《いりみ》して十手で喉を突く。

①

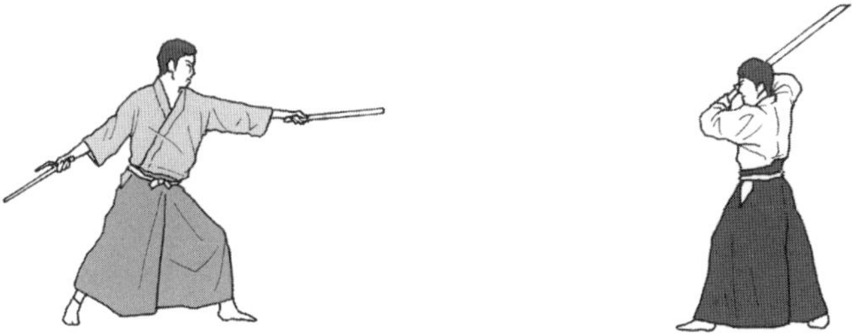

打は八相の構え。

②

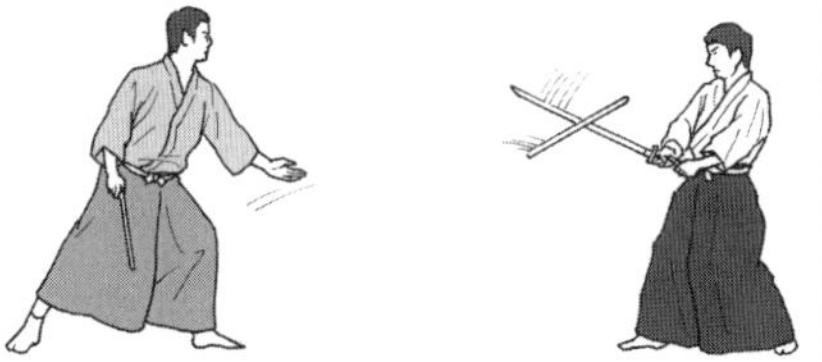

仕は打に棒を投げつける。

③

打はその棒を太刀で払う。

④

仕は入身して、十手で喉を突く。

鉤無十手

◉かぎなしじって

長さ	長短さまざま
間合い	中間

普通の十手から鉤を取り除いたものが鉤無十手である。その形状から「骨棒《こつぼう》」とも呼ばれた。刀を受け止めることができないため、専ら柔術の補助武器としての性格を持っていた。多くの場合、敵の腕を強打して、その戦闘意識を喪失させるのに用いられた。さらに短棒術と同じように、十手を利して敵の逆手を取り、捻じ伏せるのにも絶好の武器である。これも生け捕り用の護身武器であるから、敵を傷つけるような目的には使用しない。

単純な武器であるが、時代のあるものはそれぞれに非常に趣があり、美術的に価値の高いものもある。中国では同種の武器を「鐗《かん》」という。

明治時代に大阪で教えていた関口《せきぐち》流柔術の天羽《あもう》派に、この鉤無十手を使う形があった。現在ではほとんど見ることはできない。

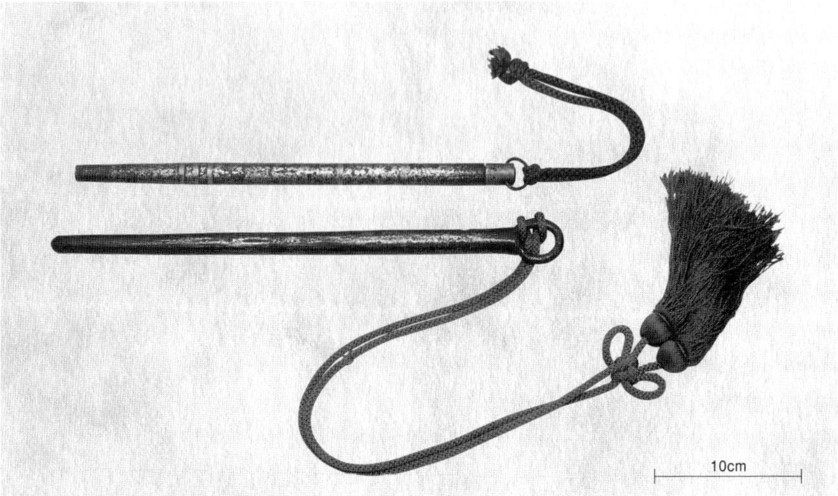

一　襟取　えりどり（水月《すいげつ》塾制定形）

受　両手で前襟をつかむ。

捕　鉤無十手を受の両腕の上に当てて左手で鉤無十手の先をつかみ、右足で受の金的《きんてき》を蹴り、右足を引きながら鉤無十手で受の両腕を打ち落とし、右足を受の右足にかけて、鉤無十手を首に当てて押し倒す。

①

受は両手で捕の前襟をつかむ。

②

捕は鉤無十手を受の両腕の上に当てる。

③

右足で金的を蹴る。

④

右足を引き、鉤無十手で受の両腕を打ち落とす。

⑤

鉤無十手を首に当てる。

⑥

押し倒す。

二 一文字締 いちもんじじめ（水月塾制定形）

受 短刀で水月を突く。

捕 右足を引き、鉤無十手で手首を打って短刀を飛ばし、受の背後に回って鉤無十手を首前に当て、左手で鉤無十手の端を取って締め上げる。

①

双方、立合いで向かい合う。

②

受は短刀で捕の水月を突く。捕は鉤無十手で手首を打つ。

③

短刀を払い飛ばす。

④

後方から鉤無十手を首前に当て、締め上げる。

鉄扇 ◉てっせん

長さ	一尺～一尺二寸（約30～36.4cm）
間合い	中間

扇はもともと生活用具である。小さく折り畳めて携帯が便利であり、しかも美的に優れていたから、江戸時代の武士が護身用として好んで使用した。この扇を、武術の道具として使用できるように工夫したものが鉄扇である。鉄扇には、畳んだ扇の形を鉄で作った開閉できないものと、鉄骨に厚紙を貼りつけて開閉できるようにしたものの2種類がある。

鉄扇術として武術の一課にもなっているが、現在、鉄扇術の古伝を伝える流儀は至って少ない。戦前の大日本武徳会や帝国尚武会では会員に会オリジナルの鉄扇を頒布していた。著者の所有する鉄扇のなかには、鉄扇術稽古用の「木扇」がいくつもある。

鉄扇は短棒や鼻捻《はなねじ》、あるいは鉤無十手《かぎなしじって》と同類の短寸武器であるが、日常、刀を抜くことが少なかった武士たちが手を馴らすために重みのある鉄扇を常用していたことが、その普及の始まりである。したがって、鼻捻が捕方《とりかた》に修練されたのに対して、鉄扇術は武士が相伝したが、根本的な使用法の違いはない。

流儀としては柳生《やぎゅう》流が有名で、他に気楽《きらく》流や竹内判官《たけのうちほうがん》流などが鉄扇術を伝えている。また、中国武術でも巨大な扇を武器として使用するものがある。

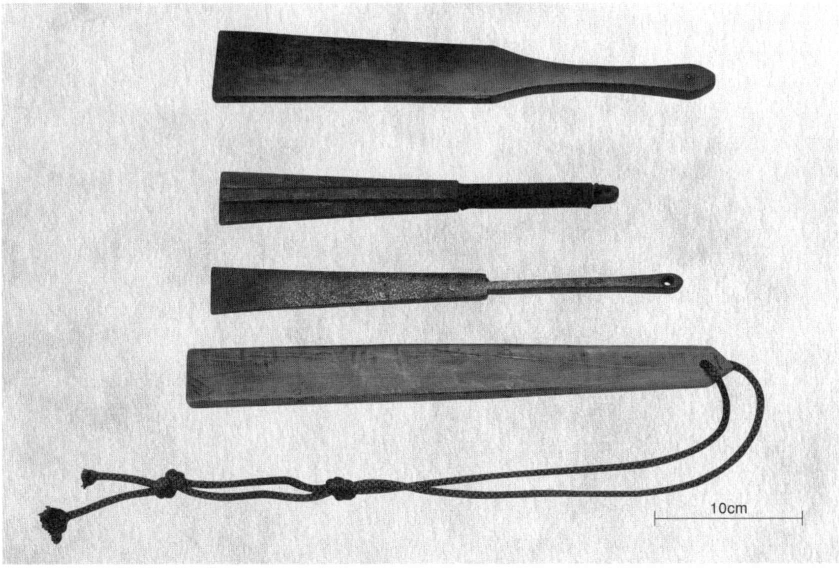

一 鉄砲捕 てっぽうどり（水月《すいげつ》塾制定形）

受 上段より太刀で斬りかかる。

捕 鉄扇で受の右手首を受け止め、鉄扇を右手首の上に乗せ、下から左手で鉄扇の先をつかんで引き落とす。

①

受は太刀を上段に構える。

②

受が正面を斬るのを、鉄扇でその右手首を受け止める。

③

鉄扇を右手首に乗せ、下から鉄扇の先を左手でつかむ。

④

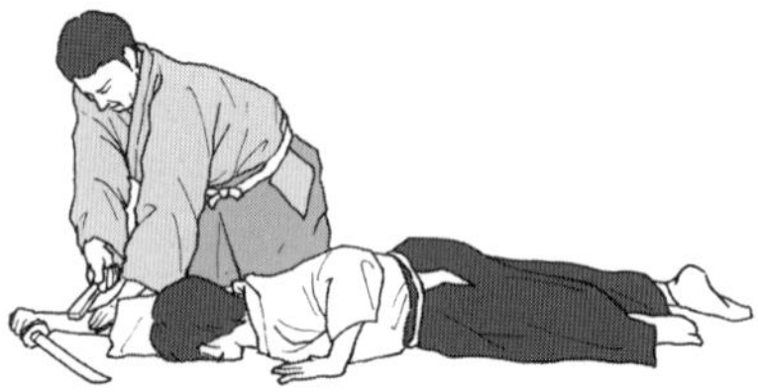

引き落として固める。

二 木葉返 このはがえし（水月塾制定形）

受 上段より太刀で斬りかかる。

捕 左足を受の前に踏み込んで左手で受の右手首を受け止め、鉄扇でその小手を打って太刀を落とし、小手返しに投げる。

①

受は太刀を上段に構える。

②

受が正面を斬るのを、左足を進め、左手で受の右手首を受け止める。

③

鉄扇で小手を打つ。

④

太刀を払い落とす。

⑤

小手を取る。

⑥

小手返しに投げる。

矢尻木 ◉やじりぎ

長さ	手に握れる大きさ
間合い	中間

日本には幾多の武術が成立したが、この矢尻木は甲州伝の捕方《とりかた》武術以外には見ることはできない。矢尻木は簡単に説明すると、Y字形をした自然木のV字型の部分の内側を厚い鉄板で補強した、真剣白刃取りの道具である。

十手《じって》は敵の刀を受け止めた後、鉄棒で敵を打つ便があるが、矢尻木は専ら刀を受け止めるためだけに使用する道具で、攻撃性を持たない。刀を受け止めたら、すぐにその刀を奪い取り、捕縄《とりなわ》をかけるのである。ただ、著者が所蔵するなかに、1品だけ柄の末端に針を仕込んだものがあり、これはさまざまな攻撃に使用できる。もちろん、いずれの矢尻木も柔術に精通していないと使うことはできない。

技法の注意点は、敵の攻撃動作が開始されるまで矢尻木を体前に出してはならないことで、敵の攻撃が開始され、自分のどこを狙って斬ってくるのかを瞬間に察知して、刀を封じるのである。あるいは敵が刀の構えを変えた瞬間に入身《いりみ》して、敵が攻撃する前に自分から敵の刀を封じるのである。

今回は著者が所有するなかから特に3種類のものを紹介する。

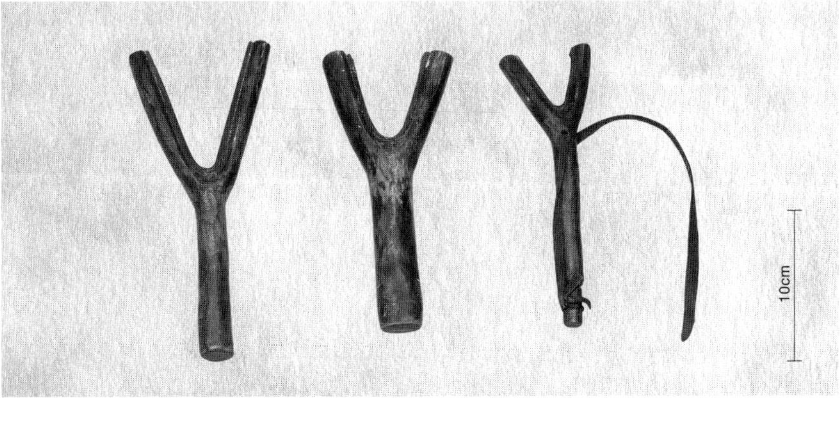

一　修羅落　しゅらおとし（水月《すいげつ》塾制定形）

打　太刀で上段より斬る。

仕　右足を進めて矢尻木で受け止め、左足を右に開いて太刀を落とし、左手で小手を押さえ、右足を左足にかけて前に刈り倒す。

①

打は太刀を八相に構える。

②

正面斬りを矢尻木で受ける。

③

そのまま太刀を落とす。

④

左手で小手をつかむ。

⑤

右足で打の左足を払う。

⑥

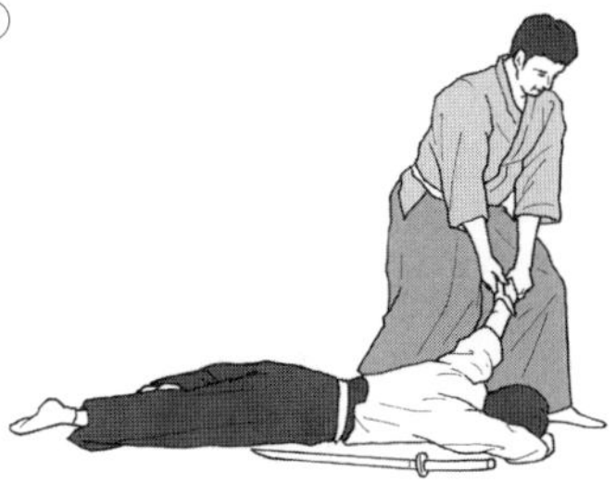

前に引き倒す。

二 袈裟返 けさがえし（水月塾制定形）

打 太刀で上段より斬る。

仕 右足を進めて矢尻木で受け止め、左手で柄を取って刀棟を打に袈裟がけに押しつけ、仰向けに倒す。

①

打は太刀を八相に構える。

②

正面斬りを矢尻木で受ける。

③

左手で柄を取る。

④

刀棟を打に押しつける。

⑤

仰向けに倒す。

鎌 ◉かま

長さ	寸法は流儀により相違する
間合い	中間

鎌は鎖鎌から鎖分銅を取り除いたもので、まさに農具の鎌そのものである。しかし、武術で使用する鎌は農具のそれとは異なり、多くの場合、綺麗に装飾が施されている。鎌そのものは通常「草鎌」と称し、武士は「陣鎌」と称した。

現在、草鎌を伝える流儀は至って少ない。柳生心眼流《やぎゅうしんがん》に陣鎌の伝がある。著者が伝承している仙台藩の浅山一伝《あさやまいちでん》流、肥前多久郷の天下枝垂《てんかしたれ》流が草鎌を伝えていたが、失伝した。同じ仙台藩伝の山本無辺《やまもとむへん》流では「草刈鎌」と称し、柄の長さを一尺四寸(約42.4cm)と規定している。

この鎌を両手に持って演じるのは中国武術ではありえるが、日本武術においてはそのような想定は考えられない。沖縄で使われている二丁鎌は中国からの流れである。中国では本書で紹介しているように、農具の鎌から昇華して立派な兵器の形態をなしているが、沖縄の鎌は農具そのままである。

鎌の刃は片刃の場合と諸刃の場合がある。片刃の場合には、敵の太刀を刃の棟で十分に受け止めることができる。

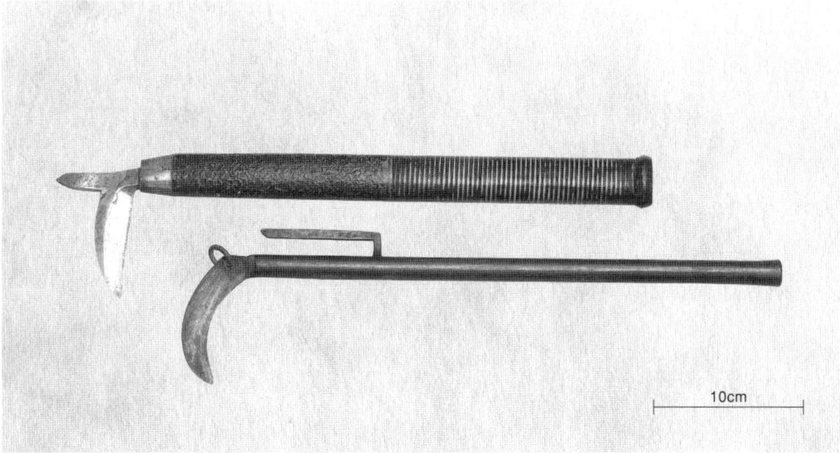

一　富士折 ふじおれ（水月《すいげつ》塾制定形）

受　上段より真っ向に斬る。

捕　鎌刃の棟で受ける。

受　再び上段に構える。

捕　左足を進め、右足を折り敷き、左手で受の右手を止め、鎌の刃先で水月を突く。

①

受は太刀を上段に構える。

②

受が正面に斬るのを、鎌刃の棟で受ける。

③

受が上段に構えるとき、捕は右膝を着き、左手で受の右手を止め、鎌刃で水月を突く。

二 富士巻 ふじまき（水月塾制定形）

受 上段より真っ向に斬る。

捕 体を右に替えながら刀を左に巻き落とし、鎌を返して首を斬る。

①

受は太刀を上段に構える。

②

受が真っ向に斬るのを、捕は鎌で巻き落とす。

③

鎌を返して首を斬る。

三 富士濤 ふじなみ（水月塾制定形）

受 上段より真っ向に斬る。

捕 柄で受の手首を受け止めて押し飛ばす。

受 再び上段より真っ向に斬る。

捕 鎌刃の棟で受け、左に体を開いて鎌刃で右小手を斬る。

①

受は太刀を上段に構える。

②

受が真っ向に斬るのを、捕は柄で受の手首を受け止める。

③

押し飛ばす。

④

受が再び斬り込むのを、捕は鎌刃の棟で受ける。

⑤

鎌刃で右小手を斬る。

枹 ◉ばち

長さ	一尺六寸～二尺（約48.5～61cm）
間合い	中間

枹は太鼓を叩くスティックの和名である。すなわち、短棒を両手に持って使用する武術で、現在これを伝えているのは甲州陣屋伝《こうしゅうじんやでん》の捕方《とりかた》武術だけである。著者が宮城県で学んだ柳生心眼流《やぎゅうしんがん》に「陰陽鍛身流《いんようたんしん》」と称する二丁短棒術が併伝されていたが、成立年代が若いので除外する。

甲州陣屋伝捕方武術ではさまざまな枹術を伝えており、対剣の他に、対棒、対槍、対徒手《としゅ》などの形があり、それぞれに用いる枹の長さや形状もさまざまである。甲州伝ではこれを「枹打之形」として伝えている。二丁十手《にちょうじって》などもこの類に含まれるが、これについては別項で述べているので、そちらを参照してほしい。

対徒手に用いる枹は太さが直径六分（約1.8cm）の丸棒で、左手に一尺五寸九分（約48.2cm）、右手に一尺六寸の長さのものを持つ。また、対武器には長さ一尺九寸七分（59.7cm）、直径九分（約2.7cm）の黒漆《うるし》で塗られた八角棒を両手に持って使用する。

中国武術では、著者が伝承している振興社《しんこうしゃ》武術金鷹拳《きんえいけん》に二丁短棒があり、「短棍《たんこん》」と呼んでいる。短棍の先に鎖分銅をつけたものを双鏈《そうれん》という。フィリピン武術にもカリ（エスクリマ）と称する同種の武器があるが、これらはみな、インドネシアやマレーシアに伝わるシラットと称する武術と同様に、華僑が中国から持ち込んだものである。

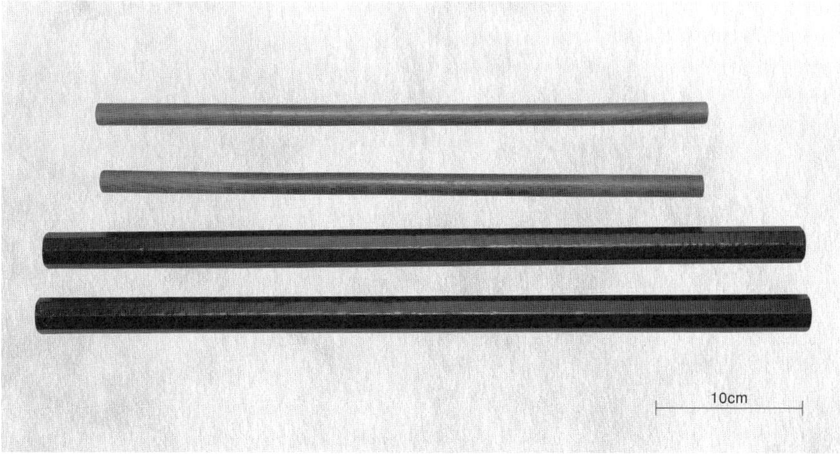

一　諸手打　もろてうち（水月《すいげつ》塾制定形）

打　太刀で上段より斬る。

仕　右足を引き体を開いて半身になり、右枹で剣棟を打ち落とし、左枹で小手を打つ。打が剣を落としたら、すかさず右枹で両腕を打ち、左枹で首を打って倒す。

①

打は太刀を上段に構える。

②

打が上段を斬るのを、仕は右枹で剣棟を打ち落とす。

③

すぐに左枹で小手を打つ。

④

右枹で両腕を打つ。

⑤

左枹で首を打つ。

二 釣鐘当 つりがねあて（水月塾制定形）

受 右手で胸襟をつかむ。

捕 両方の棒で受の前腕を打って外し、素早く両棒で脛を挟んで受を引き倒し、両棒で金的《きんてき》を打つ。

①

受は右手で捕の胸襟をつかむ。

②

捕は両方の棒で受の前腕を打つ。

③

両棒で脛を挟む。

④

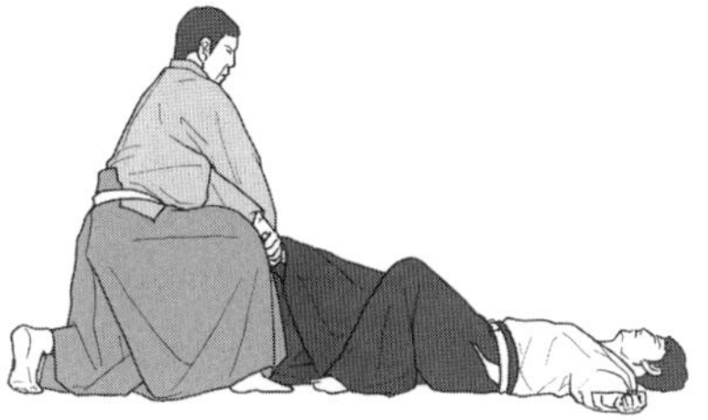

受を引き倒す。

⑤

両棒で金的を打つ。

鉄鎖 ◉てつぐさり

長さ	二尺〜四尺（約61〜121cm）
間合い	中間

鉄鎖は元来、柔術の付属秘器であるが、近世後期にはかなり独自にも稽古されていた。身分の低い者が使う捕手《とりて》武器としての性格が強いが、下級武士も修行していた。鉄鎖は流儀により、「鎖分銅」「両分銅」「万力鎖」「袖鎖」「玉鎖」などさまざまに呼ばれた。一般に、捕手の三道具《みつどうぐ》は「十手《じって》、鼻捻《はなねじ》、万力」と称されているが、ここでいう万力とは、古来制剛《せいごう》流でいうところの角珠《かくしゅ》(指輪状の隠し武器)のことであり、鉄鎖のことではない。

流儀によって分銅の形態や重量、鎖の長さは千差万別であり、それぞれが単純ななかにも流儀それぞれの趣向を凝らしている。

鉄鎖は護身用として用いることができないわけではないが、その本旨はあくまでも先制の捕手術である。鉄物としては携帯が便利な小道具で、握れば掌中に収まるものもある。日常は袋に入れて袖中、懐中、あるいは右腰の帯に提げるかして隠し持つ。

広島では幕末期に国体強化や国境警備のため、被差別民に禁心《きんしん》流の鉄鎖を伝習させており、丸亀藩では村上《むらかみ》流の鉄鎖を藩士以外に農民にも広く教えた。その目録が現存するので以下に紹介する。

座　　詰……両手取　片手取　襟取　はらい
立　　合……両手取　片手取　襟取　はらい　柄取　大小柄取　鐺《こじり》返し
捕手座詰……前後　左右
捕手立合……前後　左右　抜刀落し　羽かため　鎖しはり　早縄二つ　五ヶ当り　護刀
極　　意……心眼術

以上で明らかなように、柔術(後手)と捕手(先手)の2法を伝えており、また、想定を座詰(居取)と立合に分けている点は、武術流儀として柔術と同等の体裁を十分に保持しているものといえる。

一 鷲の蹴落　わしのけおとし（水月《すいげつ》塾制定形）

受　右拳で水月を突く。

捕　左足を開き、鎖を立てて流し、手首にひと巻きし、右から左に脇下を潜り、腕を背固めにし、膝裏を蹴って引き倒し、鎖を首に巻いて締める。

①

双方、向かい合う。

②

受は右拳で捕の水月を突く。捕は鎖を立てて流す。

③

鎖を手首にひと巻きする。

④

脇下を潜り、腕を背固めにする。

⑤

膝裏を蹴って引き倒す。

⑥

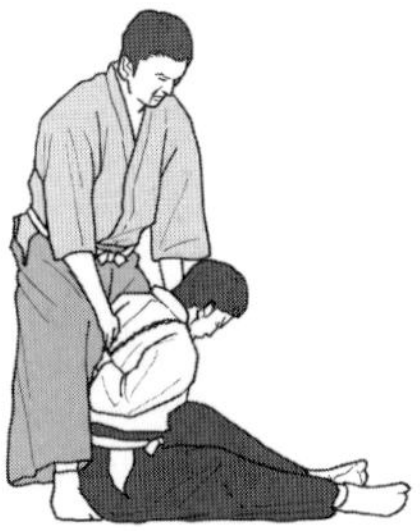

鎖を首に巻いて締める。

二　鴨の入首　かものいりくび（水月塾制定形）

受　右拳で打ち込む。

捕　左手で受の手首を受けてつかみ、鎖を首に巻いて引き倒す。

①

双方、向かい合う。

②

受が右拳で打ち込むのを、捕は左手で受けてつかむ。

③

鎖を首に巻く。

④

引き倒して足で当身《あてみ》を入れる。

鎖打棒 ◉くさりうちぼう

長さ	三尺（約91cm）前後
間合い	中間

鎖打棒は鉄鎖の一種で、分銅が長い鉄棒に変化した捕物用の道具である。また逆に、乳切木《ちぎりき》を短小にしたものと見ることもできる。分銅が長くなったぶん、手の内の握りが安定し、振り出しが簡便になる。類書には小田宮《こたみや》流の鎖打棒と称するものが紹介されているが、小田宮流にそのような武器が実際に伝承されていたかどうかは確証を得ない。

両端が棒状になったものと、片方が分銅のものとがある。鎖打棒の使い方は非常に難度が高い。ここに紹介した鎖打棒は非常にコンパクトで、握りの鉄棒も分銅も八角削りになっている。握りの鉄棒の大きさから見て、婦女子の護身用であった可能性も考えられる。鎖は珍しいヒョウタン型の粒である。

短い鎖の場合には敵の手足を鎖で絡めることができないため、分銅は専ら打撃用となり、鎖は接近したときに簡易な捕縛を施すための具となるに過ぎない。

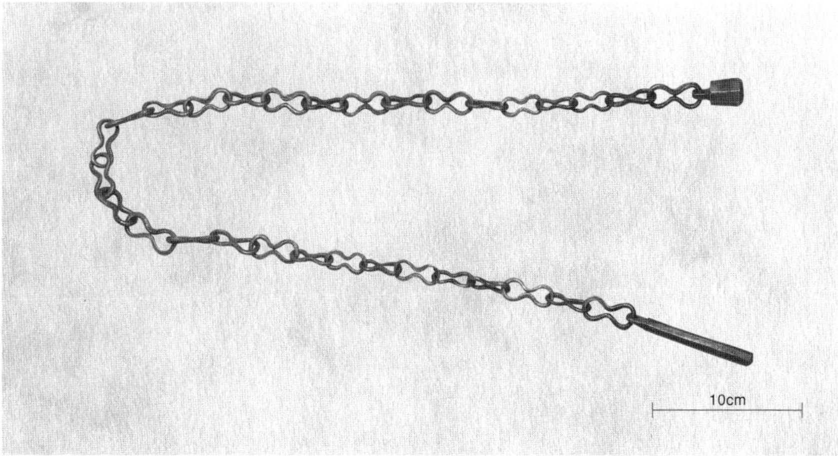

一 霞打 かすみうち（水月《すいげつ》塾制定形）

受 短刀で水月を突く。

捕 左足を引き、体を開いて分銅を振り出し、受の短刀を持つ右手を打ち、すぐに霞《かすみ》を打つ。

①

双方、向かい合う。

②

受は短刀で捕の水月を突く。

③

捕は分銅を振り出して、受の右手を打ち、短刀を落とす。

④

すぐに霞を打つ。

二 夢の浮橋 ゆめのうきはし（水月塾制定形）

受 短刀で水月を突く。

捕 右足を引いて体を開き、鎖を立てて流して首に巻き、両方の分銅を右手に持って、受を十文字に背中へ乗せ、左手で股を担いで固める。

①

受が短刀で水月を突くのを、捕は鎖を立てて流す。

②

鎖を首に巻く。

③

両方の分銅を右手に持って、受を十文字に背中へ乗せて固める。

短棒 ◉たんぼう

長さ	八寸～二尺（約24.2～61cm）（一尺二寸（約36.4cm）が主流）
間合い	近間

短棒の長さはおよそ八寸から二尺までとされている。八寸より短いものは「手の内」となり、二尺より長いものは半棒に属する。短棒は十手《じって》や鉄扇を簡便にしたもので、敵を無傷で取り押さえる捕手《とりて》武術として普及した。短棒術は一説によれば、刀の柄技から生まれたといい、使用する棒の長さは一尺二寸が最も一般的である。柄技というのは、敵が我が刀の柄をつかんで刀を抜かせないようにしたときに、これを脱して敵を取り押さえる技法である。別項で紹介する鼻捻《はなねじ》も短棒術の原形とされ、使用法もよく似ている。形状は丸棒が主流であるが、楕円棒や多角棒もある。多くの場合、柔術流儀に付随して伝えられている。

短棒術を伝承する流儀としては、浅山一伝流《あさやまいちでん》が知られている。現在、その正伝は東京都の坂井英二《さかいえいじ》師範が伝えておられる。著者もかつてこの系統の短棒術を学んだことがあり、また、仙台藩伝の浅山一伝流は著者が流儀を相伝している。浅山一伝流では一尺二寸の楕円棒を使用する。ほかでは、広島の渋川一流《しぶかわいち》柔術にも短棒術が付随し、「小棒」と称している。また、警察官が所持している警棒も短棒術の延長線上にある。

徒手《としゅ》の柔術では不可能な技術が、短棒を使用することによって可能になり、敵が我を攻撃した瞬間に逆手がかかって、激痛が襲う。

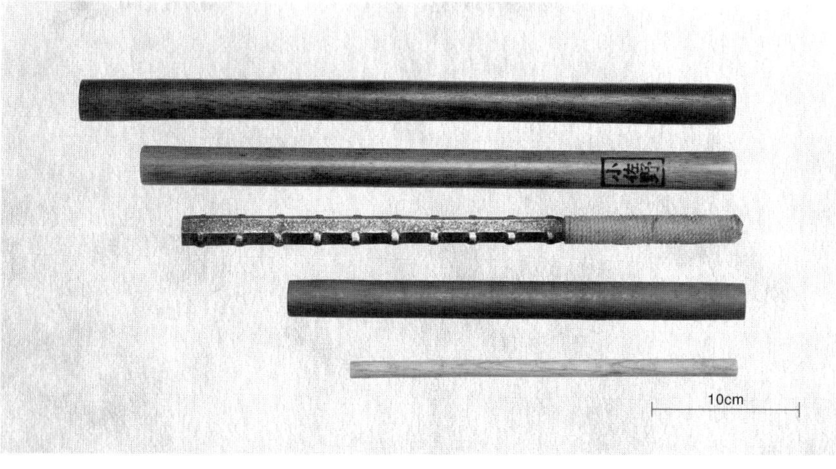

一 小手挫 こてひしぎ（水月《すいげつ》塾制定形）

受 短刀で水月を突く。

捕 右足を引き、右手で受の右手首をつかみ、左足で脇腹を蹴り、短棒を肘に当てて引き落とし、左膝を着いて棒先で早打ちを当てる。

①

双方、向かい合う。

②

受は短刀で捕の水月を突く。捕は右手で受の右手首をつかむ。

③

左足で脇腹を蹴る。

④

短棒を肘に当てる。

⑤
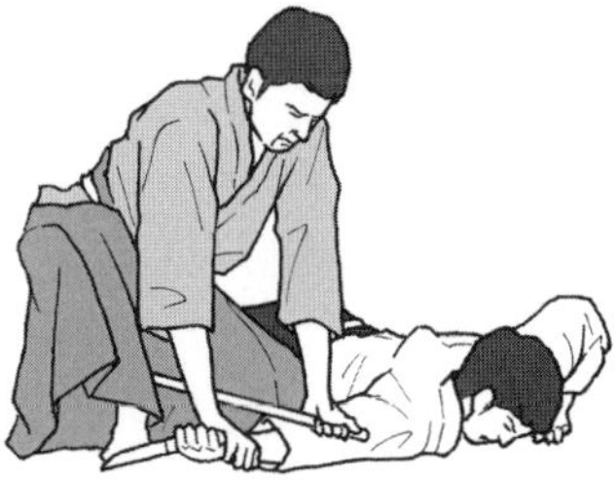
引き倒して固める。

二 前車 まえぐるま（水月塾制定形）

受 短刀で水月を突く。

捕 右足を右に開き、棒先で水月を当て、短棒を受の後ろ首にかけて引き落とし、短棒を差し替えて締める。

①

双方、向かい合う。

②

受は短刀で捕の水月を突く。捕は左手で受の右手首をつかみ、棒先で水月を当てる。

③

短棒を後ろ首にかける。

④

引き落とす。

⑤

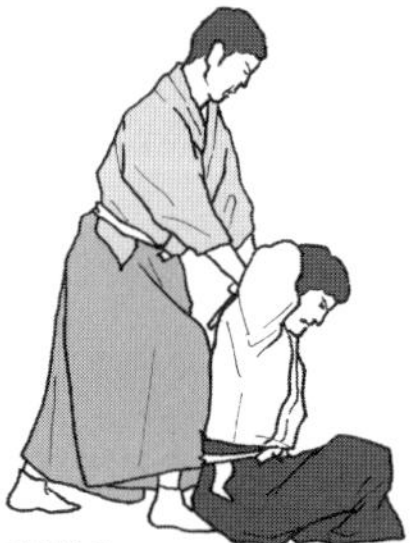

右腕を後頭部に固める。

⑥

短棒を差し替えて締める。

三 掻込 かいこみ（水月塾制定形）

受 右拳で眉間を打つ。

捕 右足を引いて左手で受け止め、右足を進めて受の腕を屈曲し、短棒を受の腕の裏から首前に差し込み、引き倒す。

①

双方、向かい合う。

②

受が右拳で打ち込むのを、捕は左手で受け止める。

③

捕は右足を進め、短棒を受の首前にかける。

④
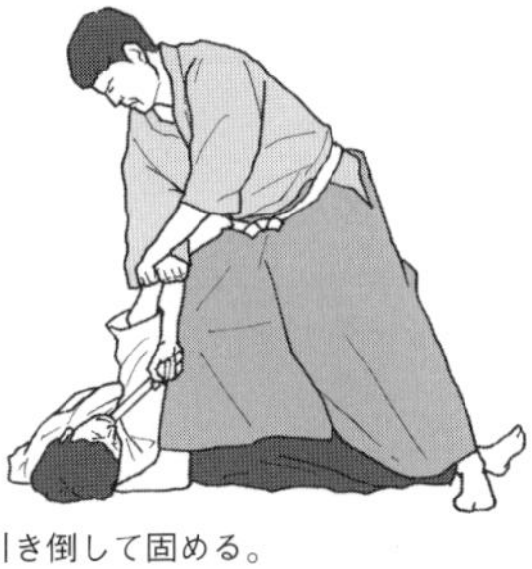
そのまま引き倒して固める。

鼻捻 ◉はなねじ

長さ	一尺二寸～二尺（約36.4～61cm）
間合い	近間

鼻捻は別名「鬼捻り」ともいい、悍馬《かんば》が暴れるのを制する短棒である。長さは一尺五、六寸(六尺棒の約4分の1・約45.5～48.5cm)を標準とし、漆《うるし》で塗ったものが多い。材は樫が圧倒的に多く用いられる。しかし、例外としては一尺(約30cm)程度の短いものや、二尺四、五寸(約72.7～75.8cm)のものもあり、さまざまである。

直径一寸(約3cm)程度に丸型か六角型に削り、一端に小穴を開けて、一尺程度の紐を通し、その両端を結んで輪にして、馬小屋の入口にかけておく。その限りにおいては純粋な馬具であるけれど、腰に差しておいて捕縛や護身の用にする便利さもあった。『人車記《じんしゃき》』の仁安《にんあん》二年(1167)十月二十一日の条に「左右居飼二十人、装束常の如く、大烏帽子・蒲扇で鼻捻を腰にさす」と出ているから、すでに源平時代には、現在の巡査の警棒ほどの道具になっていたことがわかる。このように、武家勃興時代以降の下級武士は、たいてい刀剣以外に鼻捻を佩用《はいよう》するのが普通となって江戸時代に及び、何かというとこのごろの流行の鼻捻で人をなぐる、と『民間省要《みんかんせいよう》』(享保《きょうほう》年間〈1716～1736〉、川崎宿の名主などを務めた一民間人が、農村や宿場を観察して得た知見によってときの治政や社会の状況を詳細に明らかにし、幕政への提言をした大部な経世論)に憤慨の記述がある。しかし、江戸後期になると、一般武士の佩用を見ないようになり、辛うじて上方の捕物三道具《みつどうぐ》や捕縛系武術のうちに、その名残をとどめた。

室町時代からの武士常用時代の鼻捻は、作り方が丁寧になり、先を次第に細くしたもの、手元の握りの部分に刻みを入れたもの、別塗りをかけたもの、青貝螺鈿《らでん》で飾ったもの、黒塗りに金紋や金模様を入れたものなどができた。

鼻捻は短棒系武術のひとつの原形であり、武術としての技法においては、打ったり突いたりすることは稀である。武術では、馬の鼻を捻じ上げる要領で、敵の腕や首に

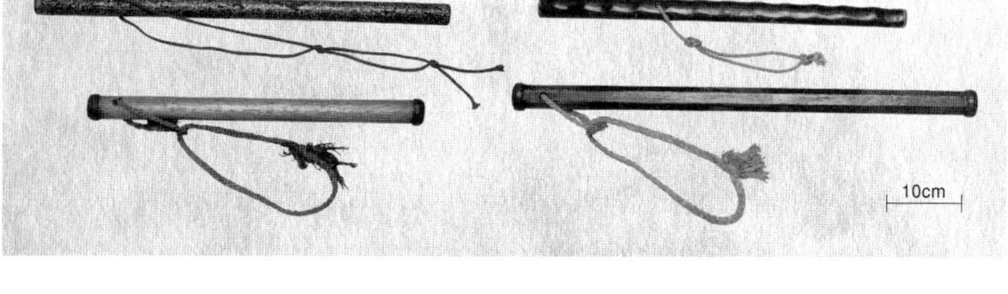

輪紐を打ちかけて捻じ上げる。また、輪紐は手抜き紐として手首にかけておき、短棒と全く同じ使い方をすることも珍しくない。

武術の流儀のなかに組み入れられた例としては、天下無双眼心《てんかむそうがんしん》流や柳生心眼《やぎゅうしんがん》流があり、後者は現存している。

一 腕絨表 うでがらみおもて（水月《すいげつ》塾制定形）

受 右拳で眉間に打ち込む。

捕 左手で受け止め、鼻捻で胴を打ち、受の右腕の上に内側から差し込み、鼻捻を自分の左腕にかけて、受を仰向けに倒して固める。

①

双方、向かい合う。

②

受が右拳で打ち込むのを、捕は左手で受け、鼻捻で胴を打つ。

③

鼻捻を右腕の上に当てる。

④

鼻捻を自分の左腕にかける。

⑤

仰向けに倒して固める。

二 腕絨裏 うでがらみうら（水月塾制定形）

受 右拳で眉間に打ち込む。

捕 左手で受け止め、鼻捻で胴を打ち、受の右腕の外より鼻捻を受の首にかけて引き倒す。

①

双方、向かい合う。

②

受が右拳で打ち込むのを、捕は左手で受け、鼻捻で胴を打つ。

③

鼻捻を外から右腕の上にかける。

④

受の右腕を曲げる。

⑤

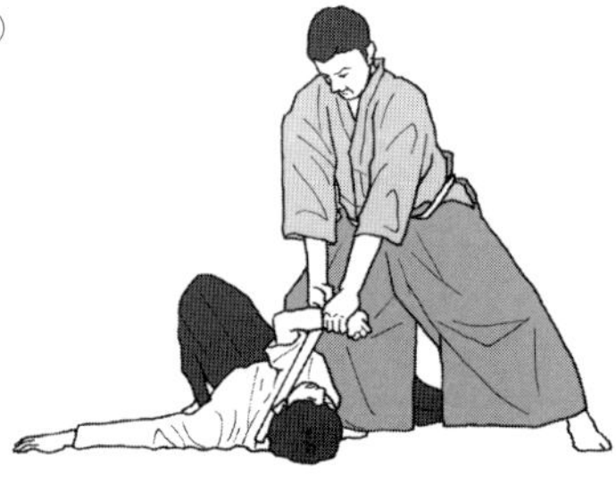

鼻捻を首にかけ、引き倒して固める。

独鈷 ◉とっこ

長さ	六寸〜一尺（約18.2〜30cm）
間合い	近間

密教で使用する法具・金剛杵のひとつの種類である独鈷は、もともとインドにあった武器が密教的意味合いを持ち、煩悩を滅し、仏性を現すための法具となったものである。この独鈷を武術の武器として使っているのは、日本全国でも著者の道場だけではなかろうか。かつて一度、公刊書で発表したら、類似品が大量生産されて販売されている。

独鈷は鉄扇、十手《じって》、鼻捻《はなねじ》、鉄刀、短棒など、握り短寸諸武器の原形と思われる。

密教の金剛杵には、両端の割れ方によって独鈷杵、三鈷杵、五鈷杵などさまざまな形があるが、武術では両端が割れていない独鈷を用いる。もともと武器であったので、さまざまな用法があったと思われるが、武術の場合にはおおむね「突き8割、引っかけ2割」である。すなわち、独鈷は当身《あてみ》のための武器として、その効力を発揮する。両端の尖ったところで、敵の急所を突くのである。敵が当身で崩れたら、すかさず拳から出ている部分で敵のさまざまな身体の部位を引っかけて捕り拉《ひし》ぐ。もちろん、素人の護身術としては、突きを入れて敵が怯んだ瞬間に逃げ去るのが最良の手段である。

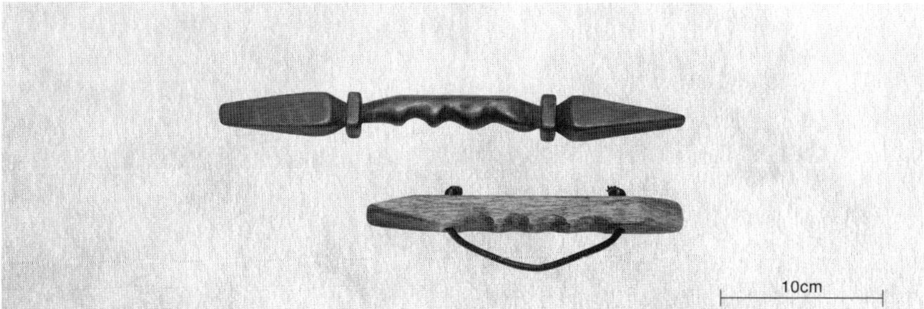

一　片手取　かたてどり（水月《すいげつ》塾制定形）

受 左手で捕の右手をつかむ。

捕 右手を外より返し、独鈷を手首の上に当てて引き外し、独鈷で喉を突く。

①

受は左手で捕の右手首をつかむ。

②

捕は独鈷を外から回して、受の手首にかける。

③

そのまま引き外す。

④

独鈷で喉を突く。

二　両胸取 りょうむなどり（水月塾制定形）

受　両手で捕の胸襟をつかむ。

捕　独鈷尻を下から受の右手首にかけ、左足を引きながら独鈷を返して受の手を外し、入身《いりみ》して独鈷尻で水月を突く。

①

受は両手で捕の胸襟をつかむ。

②

捕は独鈷を下から受の右手首にかけて捻る。

③

独鈷を返して受の手を外す。

④

独鈷を引く。

⑤

入身して独鈷で水月を突く。

十字 ◉じゅうじ

長さ	四寸五分～五寸（約13.6～15.2cm）
間合い	近間

密教の法具・金剛杵は、前項で説明したように迷いを打ち破る仏の智慧を象徴している。堅固であらゆるものを打ち砕くさまより「金剛」と名づけられた。その形態によって、独鈷《とっこ》杵、三鈷杵、五鈷杵、九鈷杵、十字羯磨《かつま》などがある。

十字という武器は、このうちの十字羯磨を原形としている。元来魔を打ち払う武器であり、これを持てば障難を防ぎ、祈願を成就できるといわれている。

武術としての十字は捕方《とりかた》が罪人を捕縛する際の当身《あてみ》用の道具として用いられる。小さいゆえに携帯性は抜群で、衣服のどこにでも隠し持つことができる。しかし、前項の独鈷と違って、拳からはみ出す鋭利な4つの突起は短いため、独鈷のように敵の肢体に引っかけて使用することができない。専ら鋭利な先端で罪人の急所を突いて戦闘心を滅却させるのであるが、強力に突くと敵の皮膚を打ち破り、先端が身体に食い込むことも珍しくはない。十字を武術として伝承しているのは全国で著者の道場だけである。

十字の握り方

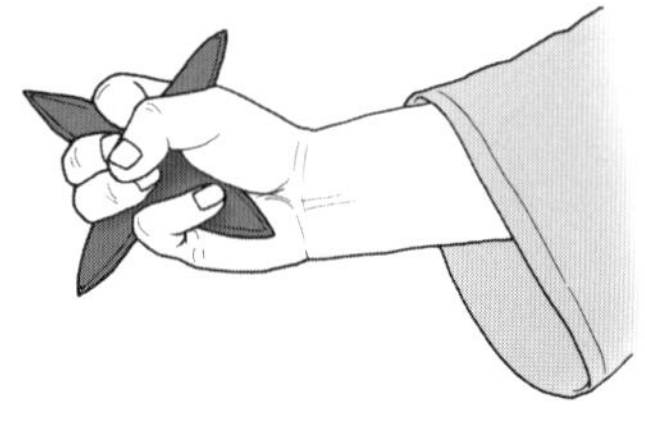

一 稲穂 いなほ（水月《すいげつ》塾制定形）

受 右拳で捕の眉間を突く。

捕 右足を進めて入身《いりみ》し、十字で水月、稲妻《いなづま》と突き、右腕で受の右腕を右下に払い落とし、さらに十字で秘中《ひちゅう》を突いて倒す。

①

双方、向かい合う。

②

受は右拳で捕の眉間を突く。捕は右足を進めて、十字で水月、稲妻と突く。

③

捕は受の右腕を下に払う。

④

十字で秘中を突く。

二 裏返 うらがえし（水月塾制定形）

受 右拳で捕の眉間を突く。

捕 右足を進めて入身し、左手で受の右手をつかみ、十字で水月を突き、右足を受の右足にかけて十字で喉を突き、そのまま倒して固める。

①

双方、向かい合う。

②

受は右拳で捕の眉間を突く。捕は左手で受け、十字で水月を突く。

③

十字で喉を突いて倒す。

④

そのまま固める。

万力

◉まんりき

長さ	指輪状形態
間合い	近間

現在では万力というと、正木《まさき》流の万力鎖のことを想定してしまいがちであるが、前述のように万力というのは、本来制剛《せいごう》流でいう「角珠《かくしゅ》」のことをいう。敵の腕を軽くつかんだだけで、万人力の効果が得られるための呼称である。平打ちの指輪に極小の鋭利な突起をつけたもので、秘器のなかでは最小のものである。

万力はその突起を掌内にして中指にはめる。外見上は普通の指輪にしか見えないが、それが秘器の目的である。

突起針の数は、一本角、二本角、三本角までが一般的で、なかには四本角や六本角といったものもある。環のサイズは、固定式のものとフリーサイズのものとがある。

角珠は「角手」とも書く。手に角が出ている風を表現したものであろう。また角珠は「隠し」の訛りから生じたともいう。

天下無双《てんかむそう》流では一本角のものを「千力」、二本角のものを「千人力」と称している。小武器で骨董的価値が乏しいため、江戸期の実物はほとんど残されていない。捕縛役人の他、婦女子も護身用の武器として広く使用した。

技法は、敵の手首、あるいは手の甲を握って捻り、押さえつけ、あるいは投げを放つ。柔術の補助具として使用されるため、柔術に熟練する必要がある。単独で流儀を形成することはない。

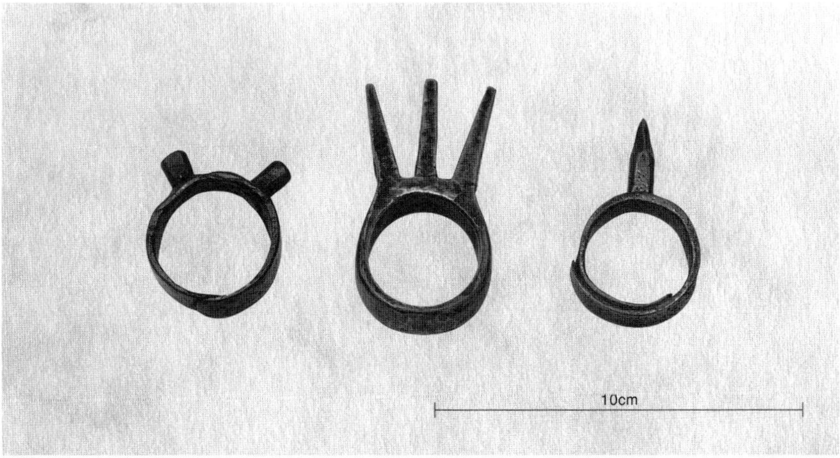

一 雷落 いかづちおとし（水月《すいげつ》塾制定形）

受 左手で捕の右手をつかむ。

捕 右手を返して手首をつかみ、左足を右前に進めて受の脇下を潜り、巻き投げに落とす。

①

受は左手で捕の右手をつかむ。

②

捕は右手を返して受の手首をつかむ。

③

受の脇下を潜る。

④

投げを放つ。

⑤

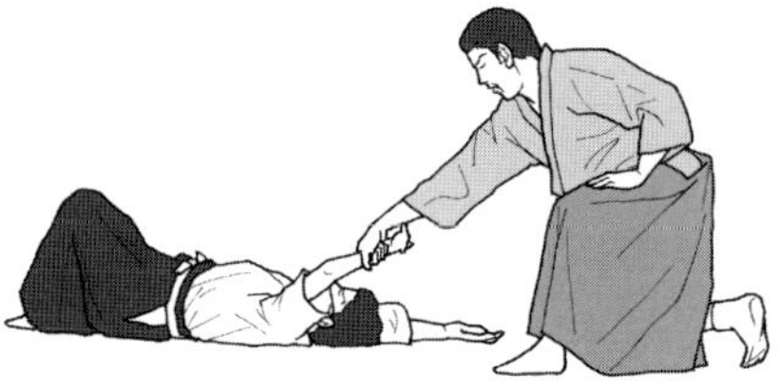

投げの終わり。

二 胸詰 むなづめ（水月塾制定形）

受 右手で胸襟をつかむ。

捕 右手で上から受の手の甲をつかみ、右足を引き、左手で二の腕を取って引き倒し、腕固めにする。

①

受は右手で捕の胸襟をつかむ。

②

捕は右手で上から受の手をつかむ。

③

左手で二の腕を取る。

④

引き倒して腕固めにする。

手の内

◉てのうち

長さ	五寸(約15.2cm)の短細棒
間合い	近間

手の内は文字通り掌内に隠し持てるもので、多くは五寸前後の短細棒に輪紐を取りつけた秘器である。

現在、一般に「寸鉄」と呼ばれている、細い鉄棒の中心に小環をつけた小武器は「五寸鉄」あるいは「鉄柱」と称するべきである。厳密に解釈すれば寸とは「一寸」のことをいい、寸鉄とは「一寸鉄」を意味する言葉であり、一切の短い刃物を表している。つまり、特定の武器を表す言葉ではない。

なお、沖縄では五寸鉄は2個をもってひと組とし、両手に持って使用するのであるが、これは中国武術の小双械《しょうそうかい》に属する針刺《しんし》類「峨嵋刺《がびし》」の影響によるものであり、徒《と》手《しゅ》空拳の空手と同根の武術であることによる。著者の管見では日本武術の古伝においてそのような使用法は希薄であり、片手にはめて使用するのが本義だと考えている。両手に同じ武器を持っても捕手《とりて》では用をなさず、むしろ捕縛の邪魔になる。

武術の稽古十手《じって》が木製であるように、この手の内も稽古用のものは木製である。もちろん木製であっても実戦においては十分に使用可能である。著者は江戸時代の本科の手の内を数十本所蔵しているが、輪紐のつけ方や棒のデザインは単純ながらもさまざまで、それぞれに工夫が見られる。

使用法は、敵の攻撃を左手で受け止め、同時に右手の手の内で当身《あてみ》を入れ、瞬時に逆手を取って捕縛するのを主とする。

手の内にもうひとつ板状のものがある。これは前述した角珠《かくしゅ》の特性を加味したもので、小型の板に突起をつけて掌内に隠し持つもので、敵に激痛を与える。非力な婦女子でも強力な投げを放つことができる。ちなみに、この板状の手の内は、著者所蔵のもの以外に類似の武器を見たことがない。

また、「六寸鉄」と称する手の内もある。著者が所蔵しているのは六寸七分(約20.3cm)ほどの長さがあり、細長い四角錐をなしている。細いほうの先端から一寸(約3cm)ほどの位置に手抜き紐用の小穴が開けてある。頭部は真鍮製のパチンコ玉大の突起がはめられており、当身としての攻撃はこちらの先端を利用するほうが便がいい。故名和弓雄《なわゆみお》先生が絶賛された逸品である。

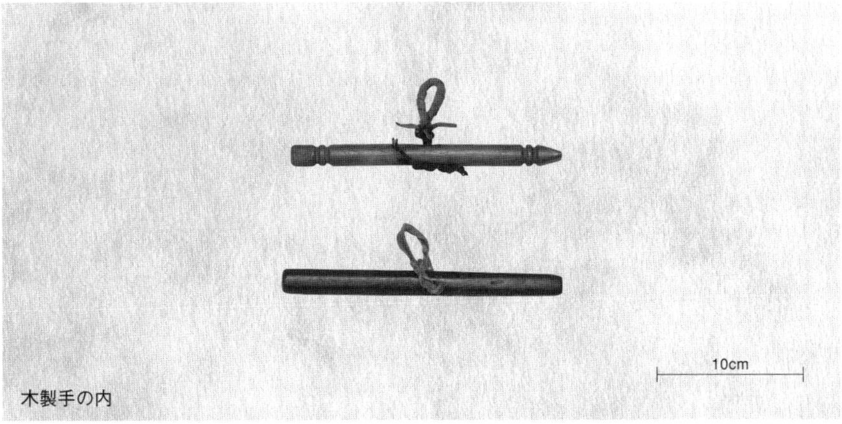

木製手の内

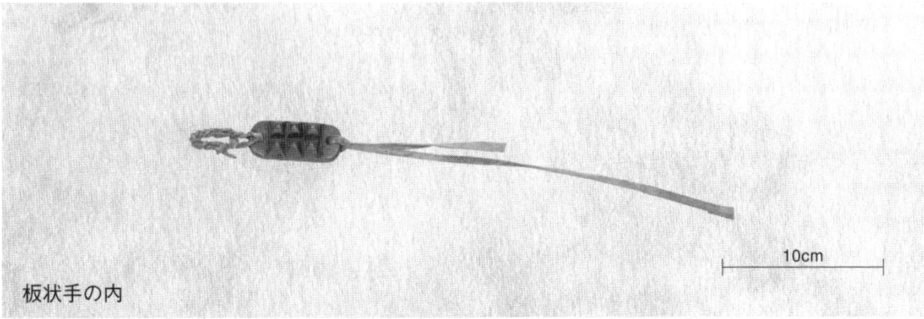

板状手の内

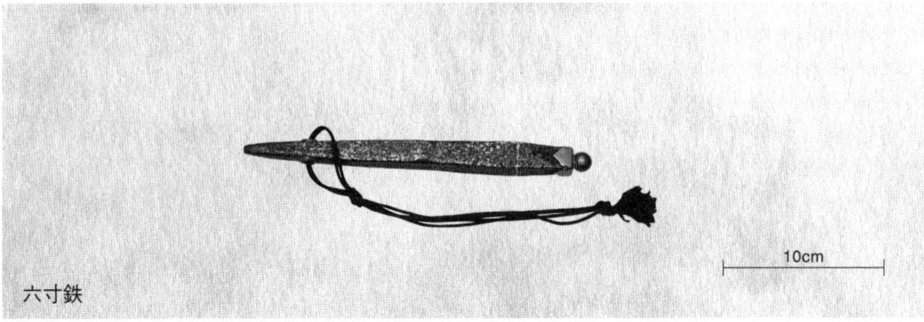

六寸鉄

木製手の内の持ち方

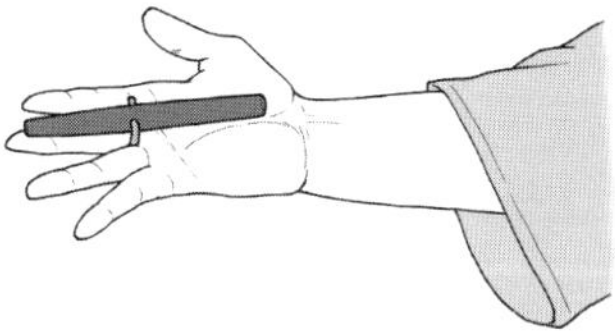

表

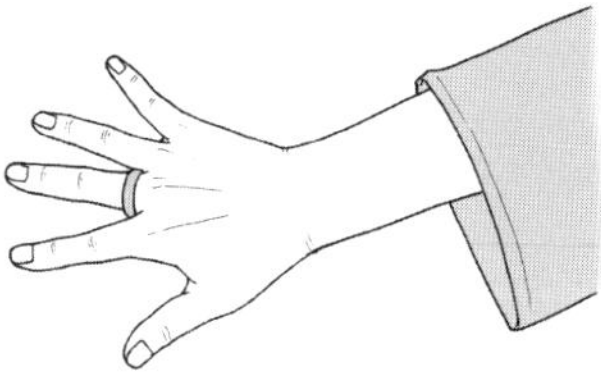

裏：指に隠れて見えない

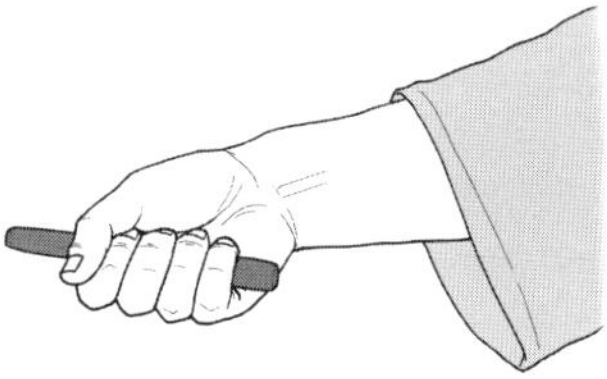

攻撃時

板状手の内の持ち方

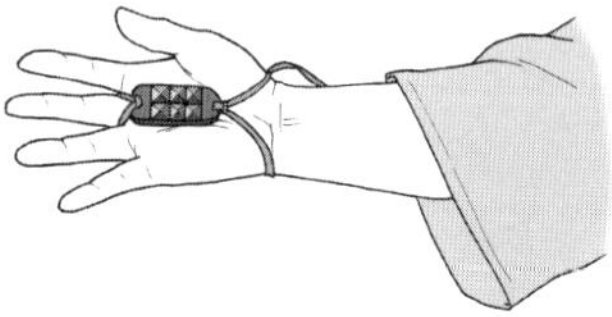

手のひらに隠す

一 小手返 こてがえし（水月《すいげつ》塾制定形：板型手の内）

受 両手で捕の両手をつかむ。

捕 右手を自分の顔の前に立て、左手で受の左手首をつかみ、右手を抜いて受の左手をつかみ、右足を引いて投げる。

①

受は両手で捕の両手をつかむ。

②

捕は右手を顔の前に立て、左手で受の左手首をつかむ。

③

右手を抜いて、受の左手をつかむ。

④

小手を返して投げる。

⑤

投げの終わり。

二 燕返 つばめがえし（水月塾制定形：五寸短細棒）

受 右拳で捕の眉間を突く。

捕 右手の手の内で受の右拳を払い落とし、返す右手の棒端で霞《かすみ》を突く。

①

双方、向かい合う。

②

受は右拳で捕の眉間を突く。

③

捕は手の内で受の右拳を払う。

④

返す右手の棒端で霞を突く。

捕縄 ◉ほじょう

長さ	三寸～十一尋（約9.1cm～20m）
間合い	近間

捕縄は厳密には武器ではない。相手の身体の自由を束縛するための、ひとつの道具である。しかし、見方によってはどこにでも隠し持てるコンパクトな道具であるし、一伝流《いちでん》の口中縄《こうちゅうなわ》などは武器としての一面がないわけではないから、あえて紹介することにした。

捕縄は武術として立派な教伝体系をなしており、柔術からの連絡技法として、その技法は大いに発達を見た。捕手《とりて》の武術であることは明白な事実でありながら、下級武士もこれを伝習している。

縄は麻で作る。早縄は三尋半（一尋は六尺〈約182cm〉）、本縄は七尋半あるいは十一尋を用い、早縄には鉤をつける。また、三寸縄、五寸縄などの簡略な捕縄法もある。

捕縄術が武術である限り、それはひとつの芸術であり、捕縄終了時における縄の組模様を特に重視した。そのため、罪人の身分によって捕縄法を変えるなど、各流儀において厳格な様式を伝えた。

捕縄術の起源について佛躰《ぶったい》流では「昔天竺に夫婦の者あり。然るに無子ゆえ憂て祈天于時ごう河川原へ流れ来る箱を得たり。内を見れは卵十二あり。取出し秘蔵すれは、変して剛強活達の人となつて、常の人と双す。又夫婦うれいて祈天時、天より四尋一尺の蛇十二下りて彼の剛強を縛る。因て其蛇を表して縄の尺四尋一尺に定り蛇口を付制作すと云々」と説いている。

捕縄術は柔術の原形であり、竹内《たけのうち》流の初期から伝わるもので、近世には制剛《せいごう》流が大成し、そこから多くの分派が生まれた。明治以降は警察官の捕縄術として残されたが、現在ではほとんど実用性を失っている。

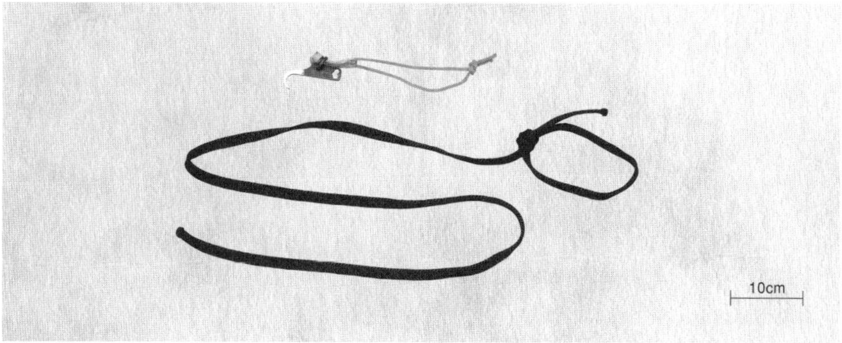

一 早縄 はやなわ（水月《すいげつ》塾制定形：刀の下緒を用いる法）

受 短刀で水月を突く。

捕 受の腕を制して引き倒す。受の両腕を背固めにし、下緒を首に回して素早く両手を縛る。

①

受は短刀を持つ。

②

受が短刀で水月を突くのを右手で外す。

③

受の腕を捻り上げる。

④

引き落とす。

⑤

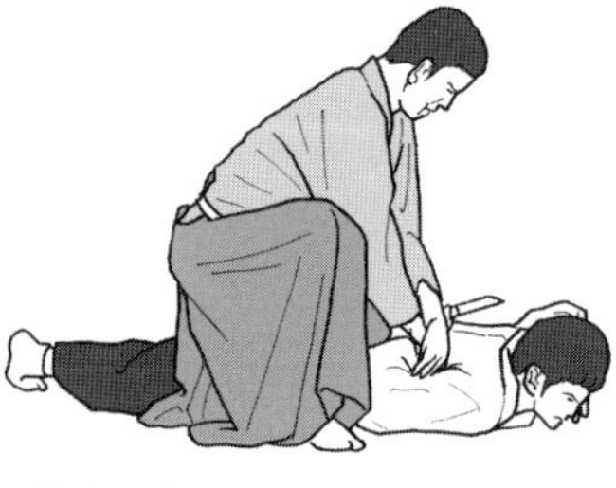

右腕を背固めにする。

⑥

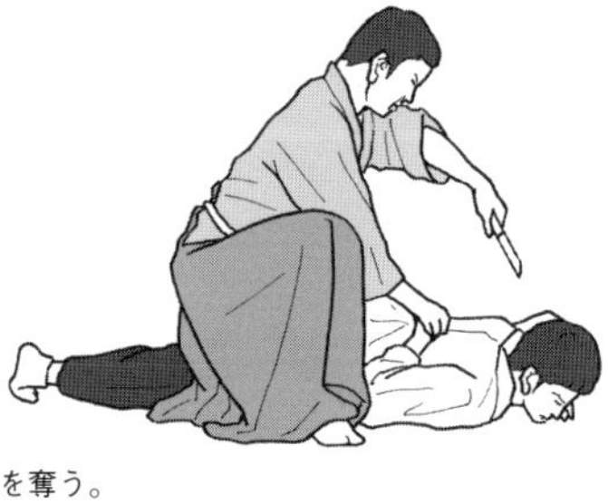

短刀を奪う。

⑦

下緒を取り出す。

⑧

下緒を手首に巻く。

⑨

さらに首に巻く。

⑩

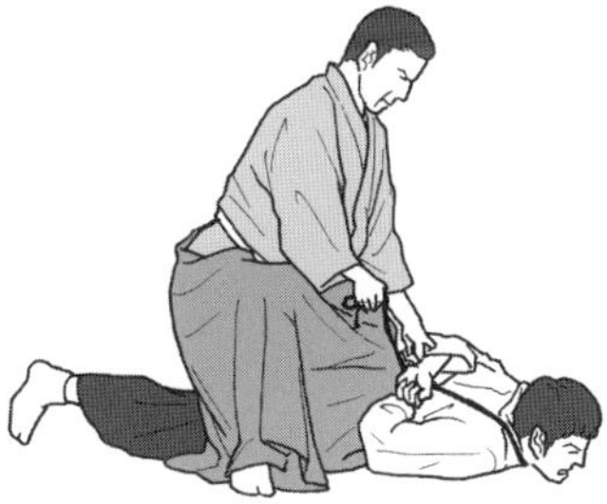

左手を背に固める。

⑪

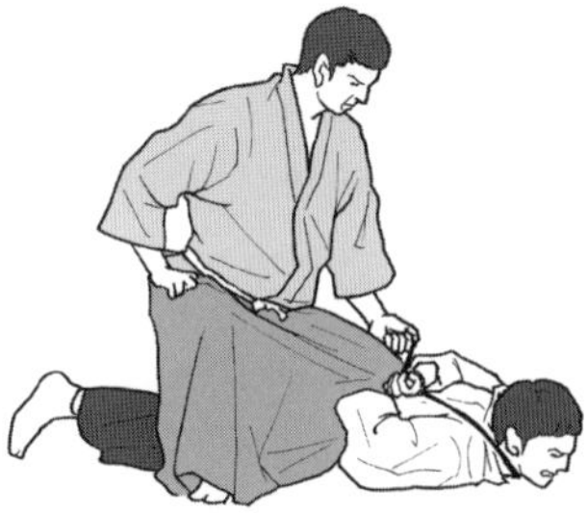

左手も縛る。

二 五寸縄 ごすんなわ（水月塾制定形）

受 短刀で眉間を突く。

捕 受の腕を制して引き倒す。受の右腕を背固めにし、手首を縛り、鉤を襟に引っかける。

①

受は短刀を持つ。

②

受は短刀で捕の眉間を突く。捕は右手で受ける。

③

捕は受の右腕を制す。

④

そのまま引き倒す。

⑤

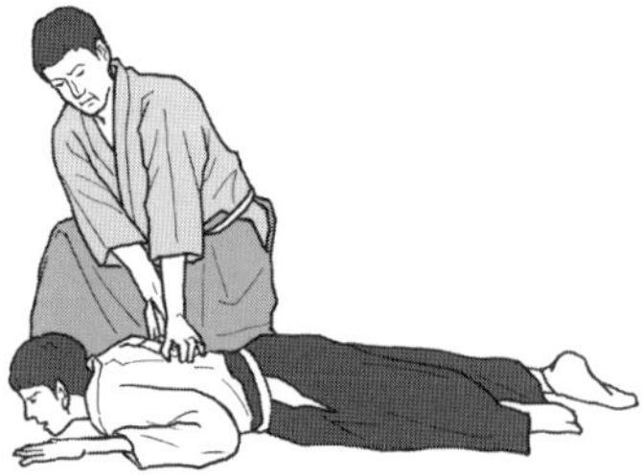

右腕を背に固める。

⑥

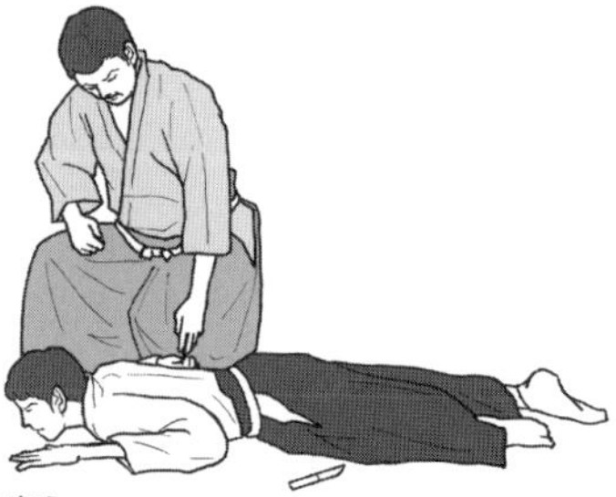

短刀を奪う。

⑦

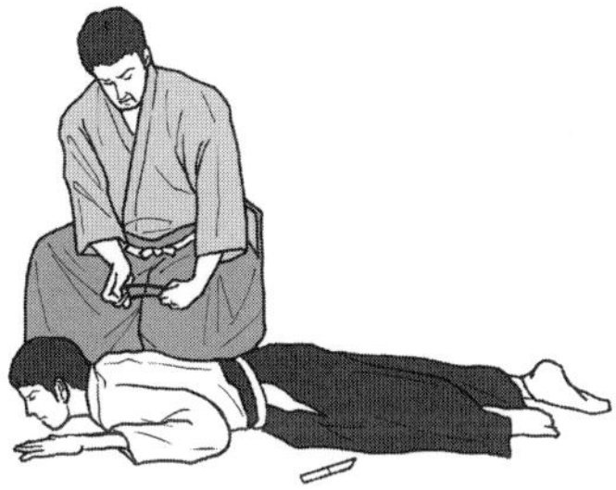

縄を取り出す。

⑧

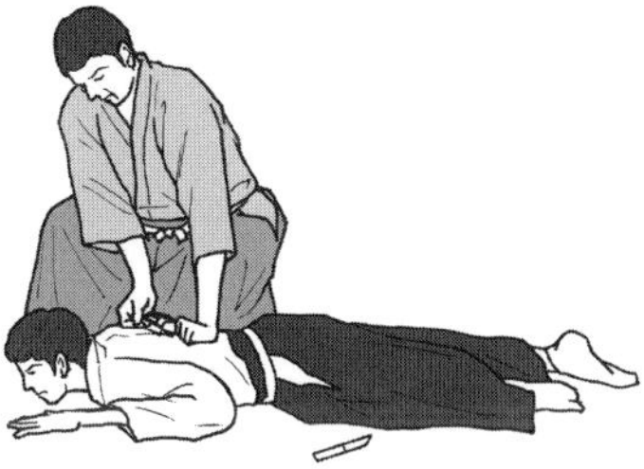

右手首を縄で縛る。

⑨

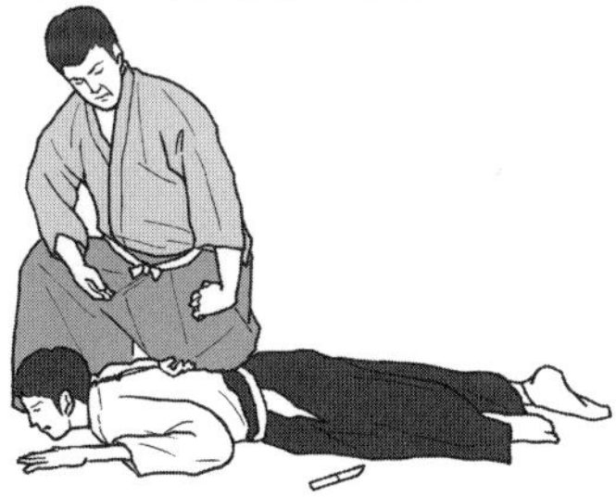

襟に鉤をかける。

第二部 ◆ 中国

関羽大刀

◉かんうだいとう

長さ	六尺～七尺（約182～212cm）
間合い	遠間

「関公刀」「関王刀」「掩月刀《えんげつとう》」あるいは「春秋大刀」ともいう。本来は馬戦時の兵器で、三国志の関羽が持つ長兵器として有名。古法によるもともとの寸法は重さが八十二斤（約49.2kg）、長さは一丈二尺（約3.64m）となっている。筆刀《ひっとう》、鳳嘴刀《ほうしとう》、屈刀《くっとう》、少林三環大刀《しょうりんさんかんだいとう》などは同根の兵器である。このうち先端が丸くなったものは「雲頭大刀《うんとうだいとう》」と呼ばれる。関羽大刀の刀身には青龍や北斗七星が彫られる。また、刀背に鋭利な突起のあるのが特徴で、この突起は「冷艶鋸《れいえんきょ》」と呼ばれる。

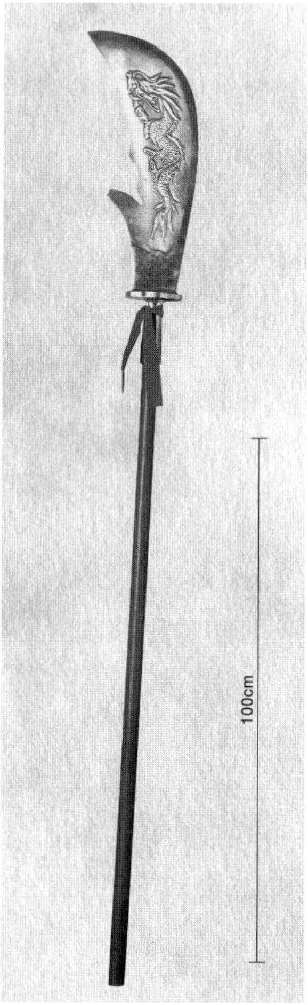

技法的には、兵器そのものにかなりの重量があるため、小技はできず、接近戦にも不利である。どちらかといえば、一撃で斬り落とすための兵器である。用法に「劈《へき》（真正面から割る）、砍《かん》（叩き斬る）、磨《ま》（こする）、撩《りょう》（絡げる）、削《さく》（削る）、裁《さい》（裁ち斬る）、展《てん》（広げる）、挑《ちょう》（担ぐ）、拍《はく》（軽く打つ）、掛《か》（引っかける）、拘《こう》（引き留める）、割《かつ》（刈る）」の十二訣がある。

台湾振興社《しんこうしゃ》の武術では、単行（単独演練）以外に淡水雨傘《たんすいあまがさ》との双行（対練）がある。

一 関羽大刀単行 かんうだいとうたんこう

振興社に伝承されている套路《とうろ》(単独演武の形)を紹介する。

1 三礼。

2 右足を引き、右脇前回し脇止め、前方斜め上を突く。

3 右足を出し、左足を引き刃を回して左辺を斬る。

4 左足を出し、再度右脇回し脇止め、前方斜め上を突く。

5 左足を引き、刃を回して左辺を斬る。

6 右足を左足の前に出し、刃棟で引っかける。

7 左足を出し、柄尻を左横から回して喉を突く。

8 右足を出し、下から刃で斬り上げ、小回しに巻き落として突く。

9 左足を上げ、右脇回し、左脇回し。

10 左足を後方に着き、1回転身、刃を頭上に回して右足前で着地、刃で斬り落とす。

11 左足を出し、後ろを向き、右脇で刃を回し、右足を引き、二礼式に刃を回し、左足を出し、もとの方向を向き、右脇構えから前方斜め上を突く。

12 そのまま左脇回し、右脇回しで後方を向きながら、刃を下から後方斜め上に突き上げる。

13 左足を引き、左辺を斬る。

以上が往路で、これを再度復路で繰り返し、終式(省略)。

①

②

③

④

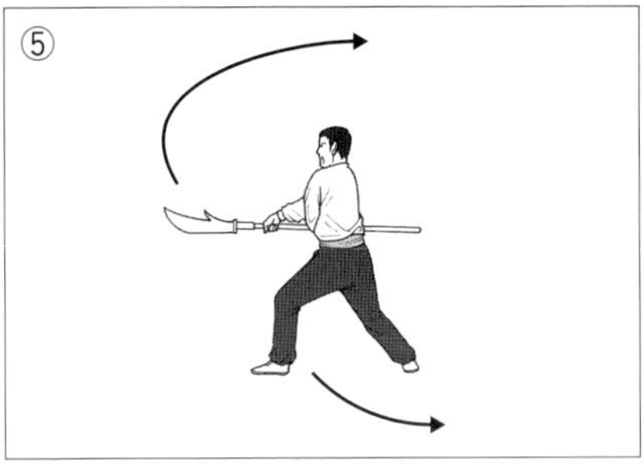
⑤

⑥

⑦

⑧

⑨

⑩

⑪

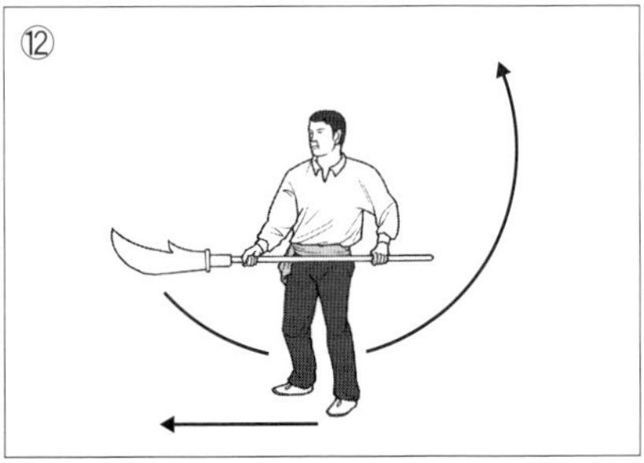
⑫

⑬

⑭

⑮
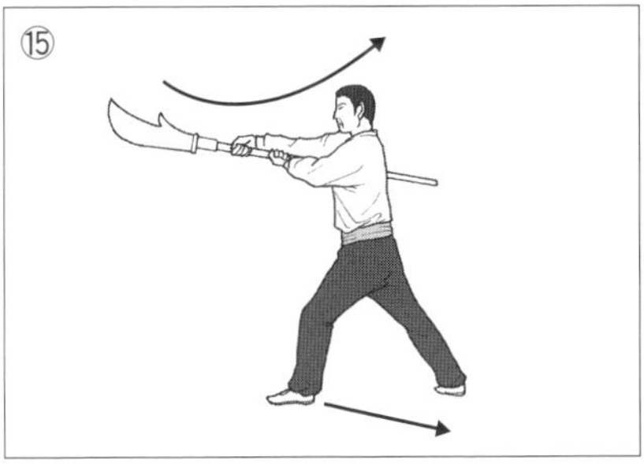

⑯

⑰
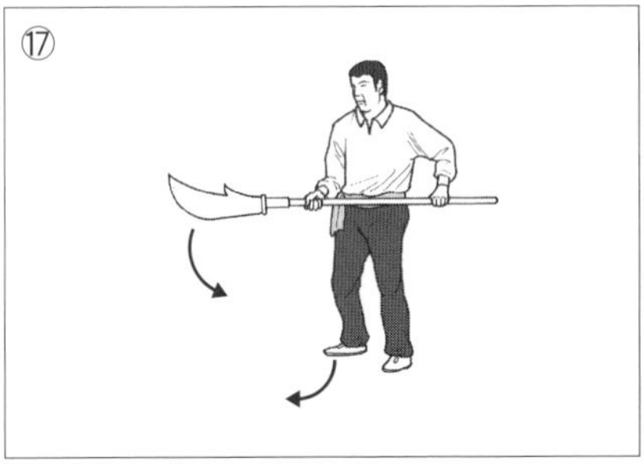

⑱

⑲

⑳

㉑

㉒

㉓

㉔

㉕

㉖

㉗

㉘

㉙

㉚

㉛

㉜

㉝

㉞
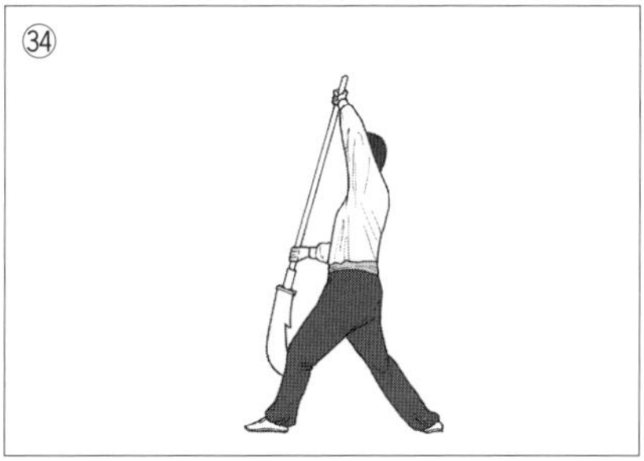

㉟

㊱

㊲

column

中国武器と西洋武器

本書では西洋武器の使用法は紹介していない。それは、西洋の武器が武術としての文化的昇華を見なかったために、著者の研究領域外とされたためである。

ところが、中国の武器の源流をたどると、それは間違いなく西洋にたどり着く。ドイツの古城を訪れて、陳列されている数々の武器を見ると、イメージが完全に中国の武器と重複するのである。西洋では武器を使うことは個人の所産であり、武器が戦争から離れて独自に術として昇華する機会がなかった。ところが中国では、それを身体訓練の形として術、あるいは芸としてのレベルに昇華させた。これは中国の一大所産である。武器の使用法が術、あるいは芸へと質的変換がなされた結果、実戦ではありえない現象が起きた。それが、同じ武器を両手に持って使用する双兵器の登場である。日本でもその影響を受けて「二刀流」が生まれたが、これが実戦で活用された例を寡聞にして知らない。

斬馬刀

◉ざんばとう

長さ	五尺〜七尺（約152〜212cm）
間合い	遠間

斬馬刀は関羽大刀《かんうだいとう》と同種の長兵器であるが、刀背に鉤がなく、また刀身に彫刻などの装飾もない。刀身は本来緩やかに曲がっているが、台湾振興社《しんこうしゃ》に伝来する斬馬刀は無反りの直刀になっている。その名の通り、本来は馬戦用の兵器で、重量もあり、装甲を施した馬の脚などを斬り、敵の機動力を奪うのに用いた。

中国には非常に古くから存在し、世界中にさまざまに発展していった大刀の原形的存在でもあり、ヨーロッパの長兵器や日本の薙刀にも影響を及ぼしている。ただし、中国でも形状や重さなどは、時代により異なることも少なくなく、総じて馬戦に用いた大刀を斬馬刀と称する風がある。武術ではもちろん馬を相手にするのではなく、その技法は歩兵対歩兵による戦闘を想定して成り立っている。長兵器のため元来は遠間で使用するのが本義であるが、実際にはその重量ゆえに、長く使うことは至難の業である。遠心力で振り回しても武術の技法にはならない。

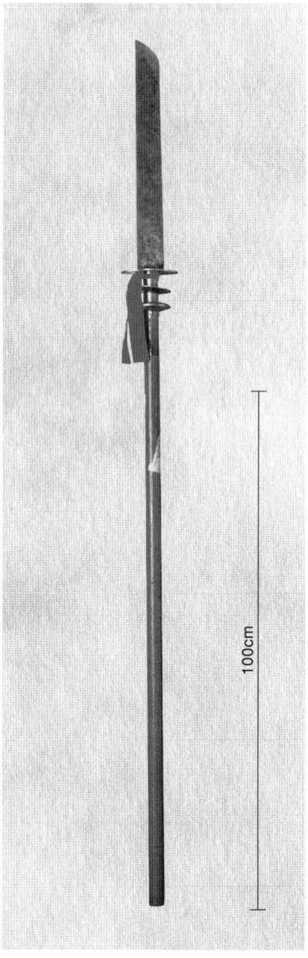

清《しん》末には義和団が使用したため、「義和小刀」と称したが、その後は、その本来の意味、使用法を失った。

一 斬馬刀対鉄尺 ざんばとう vs てっしゃく

振興社に伝承されている鉄尺との双行を紹介する。

	斬馬刀		鉄尺
1	上から打つ。	→	十字に受ける。
2	右足前のまま突く。	→	右足を引き、左鉄尺（下向き）で外へ受ける。
3	右足前のまま突く。	→	左足を引き、右鉄尺（下向き）で外へ受ける。
4	横一文字に受ける。	←	両鉄尺で面を打つ。
5	跳ねてかわす。	←	右鉄尺で右から左へ足払い。
6	右から左へ足払い。	→	跳ねてかわす。
7	そのまま時計回りに上へ回し、右上、左下と打つ。	→	2度受ける。
8	右から左へ足払い。	→	跳ねてかわす。
9	跳ねてかわす。	←	右鉄尺で右から左へ足払い。
10	右足を出し、下段を突く。	→	十字に下へ受ける。

⑤

⑥

⑦

⑧

⑨

⑩

⑪

踢刀 ◉ていとう

長さ	五尺〜六尺（約152〜182cm）
間合い	遠間

踢刀は「踢刀《しゃくとう》」ともいい、関羽大刀《かんうだいとう》を小型にしたような形態の長兵器で、用法も関羽大刀と大同小異である。関羽大刀との大きな違いは、刃の背部の鉤がなくなり、緩やかな山になっていることである。原形は、宋《そう》代から明《みん》代にかけて盛んに用いられた屈刀《くっとう》や筆刀《ひっとう》に見られる。

『武経総要《ぶけいそうよう》』によれば、宋代には刀の工夫と発展が著しく、形式も多様になったが、特に実戦に適した長柄の刀類が発達し、定着した。掉刀《とうとう》、屈刀、筆刀、風嘴刀《ふうしとう》、掩月刀《えんげつとう》、眉尖刀《びせんとう》、戟刀《げきとう》などはこの時代に普及したもので、大量生産されている。

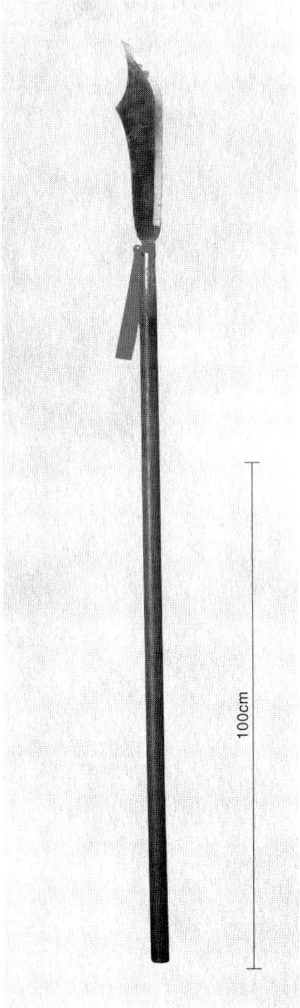

踢刀は福建省で特に普及し、その延長上に位置するところの、台湾南部に伝承する伝統諸派の南少林《みなみしょうりん》寺《じ》系武術にはほとんどこの兵器が伝承されている。踢刀は振興社彰化団《しんこうしゃしょうかだん》で使用している名称で、多門派では踢刀と呼ぶことが多い。

一 毒蛇入洞《どくじゃにゅうどう》

棍 右上段から袈裟に下段を打つ。

蹄刀 刃部で受ける。

棍 抜いて下段を打つ。

蹄刀 柄で受け、踏み込んで左腕を斬る。

淡水雨傘 ◉たんすいあまがさ

長さ	六尺(約182cm)前後
間合い	遠間

淡水雨傘は全長六尺前後の打撃系長兵器(鈍兵器)。そのうち傘の部分は一尺三寸(約39.4cm)前後あり、これが長柄についている。稽古用はすべてを木で製作するが、傘の部分を革や金属でリアルに製作することもある。木で製作する場合、傘の部分は黄色に着色し、筋として黒線を入れる。市販されていないため、すべて自作しなければならない。籐牌《とうはい》と同様、古伝の方法でこの兵器を製作できる人は、台湾でも非常に少なくなってしまった。

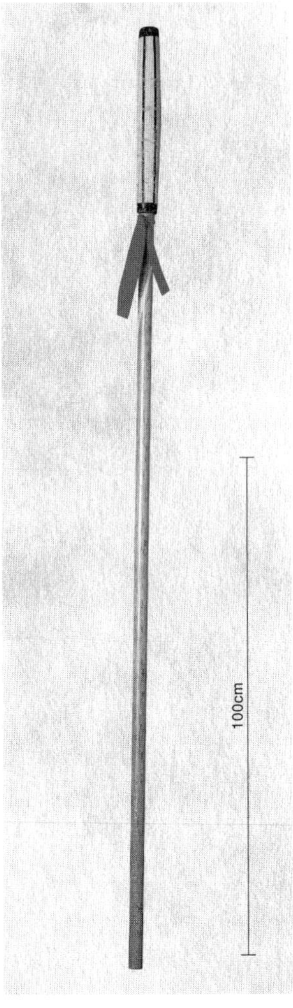

この長兵器は現在、大陸には存在せず、台湾中南部に伝承する伝統派の南派武術に見られる。これらの武術はいずれも、宋江《そうこう》陣に代表される陣隊を組織することで知られ、振興社《しんこうしゃ》の武術においては、淡水雨傘は関羽大刀《かんうだいとう》との組み合わせで演じられる。肩に担ぐ構えが特徴の兵器である。

雨傘であるから、本来は傘を実際に開いたり閉じたりして使用するものであろう。

一 関羽大刀対淡水雨傘 かんうだいとうvsたんすいあまがさ

振興社の長い双行を途中で切り、淡水雨傘が勝ち手となって終わる形で紹介する。

関羽大刀 上段より斬る。

淡水雨傘 右に移動し、傘の部分で押さえる。

関羽大刀 上段より斬る。

淡水雨傘 左に移動し、柄で押さえる。

関羽大刀 右から左に足払い。

淡水雨傘 跳ねてかわす。

双方、上段で逆打ち、下段で合わせ、関羽大刀が淡水雨傘を巻き上げ、双方分かれて構える。

関羽大刀 上段より斬る。

淡水雨傘 右に移動し、傘の部分で押さえる。

関羽大刀 上段より斬る。

淡水雨傘 左に移動し、柄で押さえ、傘を返して面を打つ。

④

⑤

⑥

⑦

⑧

⑨

⑩

⑪

⑫

⑬

⑭

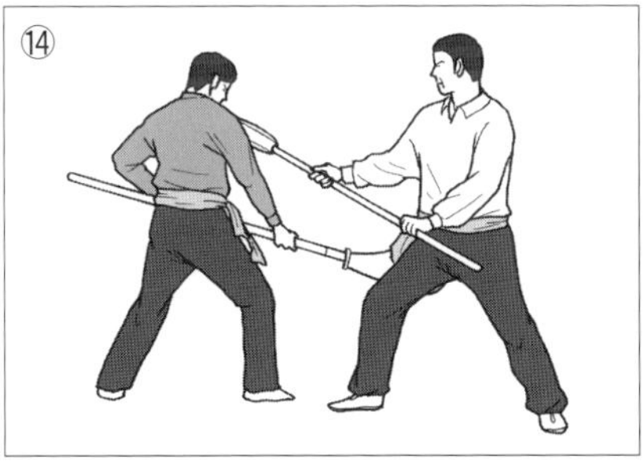

鉄釵

◉てっさ

長さ	五尺〜五尺五寸（約152〜166.7cm）
間合い	遠間

鉄釵の釵は「かんざし」と読み、ふた股に分かれた金属を意味する。もともと魚を捕ったり、狩猟をしたりするための道具であったのが、兵器として使われたものである。釵は「叉」と表記することもあり、兵器の場合には多く三股の尖器を長柄の先端につけたものを表している。しかし、中央の部分を幹と考えれば確かに他の2本は左右に派出しており、ふた股とも理解できるし、実際ふた股になっている場合もある。また、別項で詳述する鉄尺《てっしゃく》を鉄釵と呼ぶこともある。

鉄釵をやや軽量小型にし、空中に放り投げて表演する「飛叉《ひさ》」というのもある。明《みん》代の「鋼叉《こうさ》」「武叉《ぶさ》」「文叉《ぶんさ》」と称する兵器はみな、鉄釵の一種である。その他、同類の兵器としては、馬上騎戦で使用する一丈二尺（約3.64m）の「馬叉《ばさ》」の他「牛角叉《ぎゅうかくさ》」「三頭叉《さんとうさ》」「四平叉《しへいさ》」などがある。

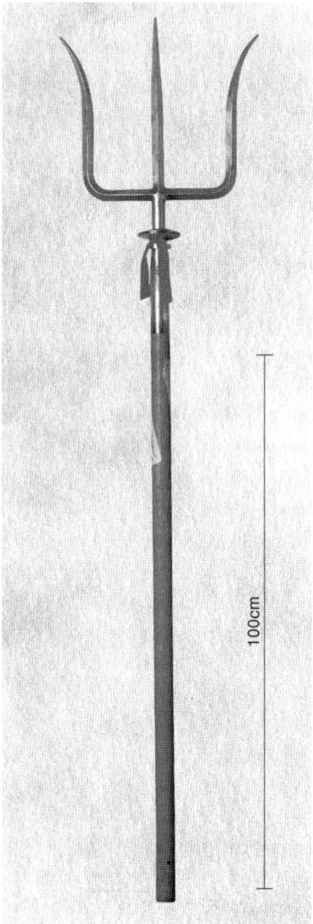

技法は突くだけでなく、上から叩くようにして打つ技も多用する。台湾振興社《しんこうしゃ》武術では単行（単独演練）の他、空手奪鉄釵の双行（対練）がある。

一 空手奪鉄釵 くうしゅふんてっさ

振興社の空手奪鉄釵を紹介する。

1 鉄釵が上段を突くのを右腕で受ける。

2 もう一度、鉄釵が上段を突くのを左腕で受ける。

3 鉄釵が右から左へ足払いにくるのを跳ねてかわす。

4 鉄釵で中段を突くのを左腕で受ける。

5 鉄釵が左から右へ足払いにくるのを跳ねてかわす。

6 鉄釵で中段を突くのを右腕で受ける。

7 柄尻で下段を打つのを左足裏で止める。

8 鉄釵が右から左へ足払いにくるのを跳ねてかわし、後方へ移動する。

9 柄尻で中段を突くのを左腕で受ける。

以上をもう一度繰り返し、

10 鉄釵が上段を突くのを両手で柄をつかんで鉄釵を奪い、右から左に足払いをするのを跳ねてかわす。

11 奪った鉄釵で上から突き刺すのを後退してかわし、最後に鉄釵を投げて返す。

①

②

③

④

⑤

⑥

⑦

⑧

⑨

⑩

⑪

⑫

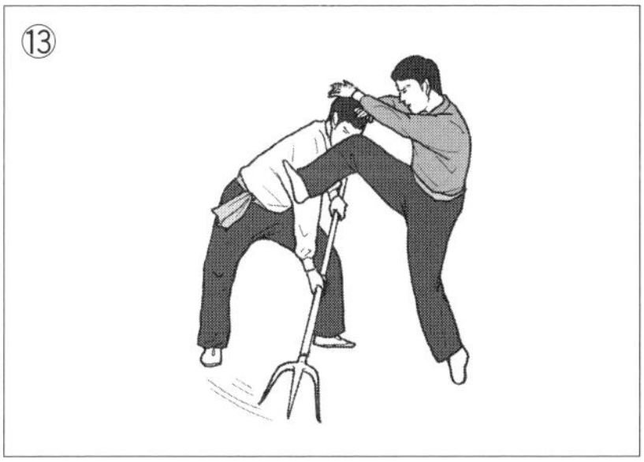

column

振興社《しんこうしゃ》について

本書で紹介している中国武器の使用法の多くは、台湾の振興社に伝えられたものである。振興社の武術についてはいずれ詳しく紹介する機会があると思うが、ここで少しだけ紹介をしておく。振興社武術の創始者は、清《しん》の道光《どうこう》年間に大陸から渡台した劉《リウ》明善《ミンシャン》である。最近では彼を主人公としたフィクション映画が製作されるほど、台湾では有名な武術家である。振興社ではその武術体系を拳法、兵器、舞獅、鼓楽の4部門で構成し、「瑞獅全陣《ずいしぜんじん》」と呼んでいる。そのなかの拳法を金鷹拳《きんえいけん》という。兵器は長兵器、短兵器、鈍兵器の3つに分類される。拳法・兵器の表演にあたっては、必ず舞獅が付随し、鼓楽に合わせて演じられる。この4大部門をすべて正しく日本に輸入したのは著者ただひとりである。現在、著者の武館は台湾にある彰化縣《しょうかけん》振興社金鷹拳協会の唯一の日本分会として活動している。著者は劉明善から数えて6代目にあたる。

鉄耙 ◉てっぱ

長さ	五尺〜五尺五寸（約152〜166.7cm）
間合い	遠間

鉄耙は「耙頭《はとう》」とも称し、「鉄鈀」の文字を使うことも多い。もともと農具から生まれた兵器で、鉄釵《てっさ》に酷似した長兵器であるが、鉄釵の左右に派出している部分が、鉄耙では内側に湾曲していることが異なり、その2本の湾曲部分には、音を出すための釘状になった細い鉄柱が多数はめ込まれている（台湾振興社《しんこうしゃ》伝）。元来、柄も鉄で作り、長さは九尺（約273cm）を標準としたが、現在に伝承されているものは、そのほとんどが六尺（約182cm）未満である。同類の兵器に「六歯耙《ろくしは》」「七歯耙《しちしは》」「九歯耙《きゅうしは》」「七星耙《しちせいは》」「少林九歯耙《しょうりんきゅうしは》」「少林拍耙《しょうりんはくは》」などがある。

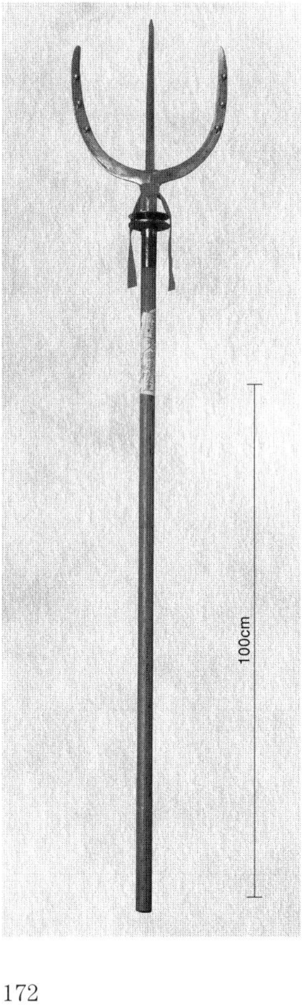

鉄耙は南少林寺《みなみしょうりんじ》系武術では多く「大耙《だいは》」あるいは「三指耙《さんしは》」と称している。用法としては擂撃《らいげき》（打つ、叩く）、撞撃《とうげき》（突く）、築撃《ちくげき》（下方に突く）、反撃《はんげき》（ひっくり返す）、格《かく》（殺す、捕らえる）、架《か》（かける、支える）、挑《ちょう》（跳ね上げる）、撥《はつ》（はねる）などがある。

振興社の武術では籐牌《とうはい》との対練がある。

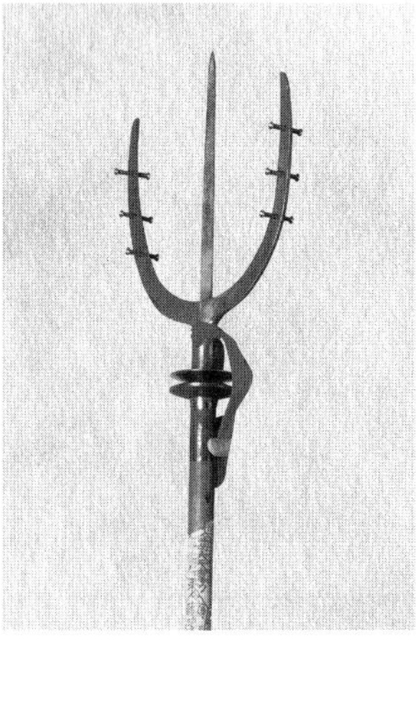

一 白蛇吐杏 はくだとあん

斬馬刀 正面から斬る。

鉄耙 上に受け、反時計回りに回して斬馬刀を払い落とし、直ちに喉を突く。

二 燕子掠水 えんしりょうすい

斬馬刀 右前半身で突き込む。

鉄耙 上から斬馬刀を押さえ、そのまま鉄耙を斬馬刀の手元にすべらせて入身《いりみ》し、返す柄で横面を打ち、柄尻で水月《すいげつ》を突く。

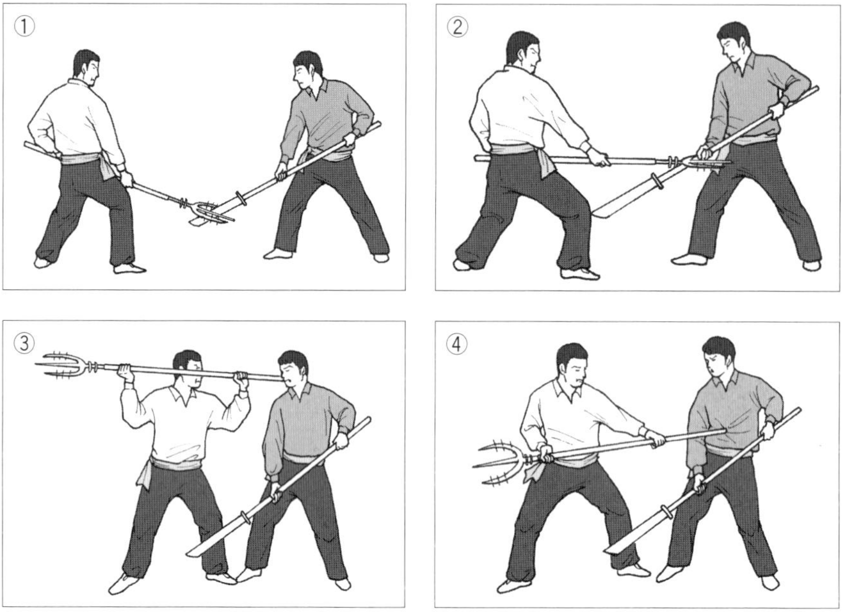

木耙 ◉もくは

長さ	四尺〜五尺（約121〜152cm）
間合い	遠間

木耙は、鉄耙《てっぱ》をすべて木製にした長兵器。鈍兵器にも分類され、尖部や刃部を持たない。長柄にV字型またはU字型に太く丸削りした打撃の部分をはめて製作する。柄の先端が打撃部分より貫通している場合には三叉になる。中国福建省より清《しん》の道光《どうこう》年間に台湾南部へ伝えられた伝統武術の各門派に含まれているが、現在の大陸には伝承が見られない。

木耙の原形は、鉄耙というよりもむしろ「鉞《えつ》」(長柄に三日月状の鉄刃をつけた兵器)、あるいは「叉竿《さかん》」(一丈二尺〈約3.64m〉の城攻めの兵器)に近いものであるといえる。特に「単鉞」などはその形状がそっくりである。また、「钂《とう》」と称する三叉またはふた股の長兵器があるが、そのなかの「燕子钂《えんしとう》」や「月牙钂《げつがとう》」は、形状が非常によく木耙に似ている。

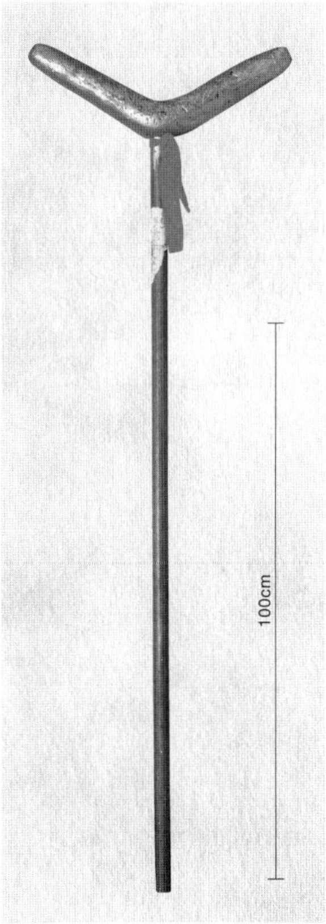

振興社《しんこうしゃ》の武術では籐牌《とうはい》と刀、踢刀《ていとう》との対練がある。「鏟《さん》」という武器も木耙によく似ており、なかでも「月牙鏟《げつがさん》」などはそっくりである。日本の捕物三道具《みつどうぐ》のひとつ「刺叉」も、原形はこれらの中国兵器にある。

一 蹄刀対木耙 ていとうvsもくは

振興社に伝承されている蹄刀との双行を紹介する。

蹄刀		木耙
1 上から打つ。	→	下から受ける。
2 下段を突く。	→	上から押さえる。
3 中段を突く。	→	右から左へ払う。
4 中段を突く。	→	左から右へ払う。
5 柄尻で下段を打つ。	→	柄尻で下段を受ける。
6 1～5を繰り返す。		
7 右から左へ足払い。	→	背中回りに跳ねてかわす。
8 位置交換して上から打つ。	→	下から受ける。
9 下段を突く。	→	上から押さえて、柄尻で後頭部を打って倒し、木耙で首を押さえつける。

①

②

③

④

⑤

⑥

⑦

⑧

⑨

⑩

⑪

⑫

⑬

⑭

銀鎗

◉ぎんそう

長さ	四尺～五尺（約121～152cm）
間合い	遠間

刃部から特に派出した部分のない、最も普通のタイプの鎗を台湾振興社《しんこうしゃ》では銀鎗という。長短さまざまな兵器との対練がある。大鎗と違い、柄が撓《しな》ることはない。普通の鎗は棍《こん》よりもはるかに長いが、振興社の銀鎗は棍より短く五尺以下である。振興社では丈二棍、九尺棍などの長い棍棒を除けば、いずれの長兵器も身長と同じか、それよりも短いものがほとんどである。そして、穂先同様に石突を頻繁に使用する。

鎗の種類は雑多であり、宋《そう》代には「双鈎鎗《そうこうそう》」「錐鎗《すいそう》」「抓鎗《はそう》」「環子鎗《かんしそう》」「素鎗《そそう》」「拐《かい》鎗《そう》」、清《しん》代には「有蛇鎗《ゆうだそう》」「火焔鎗《かえんそう》」「鉤鎌鎗《こうれんそう》」「虎牙鎗《こがそう》」「十字鎌鎗《じゅうじれんそう》」などがあり、宋、明代が最盛期であった。長いものでは木槍が二丈（約6.1m）、竹槍の場合には二丈五尺（約7.6m）に及んだ。

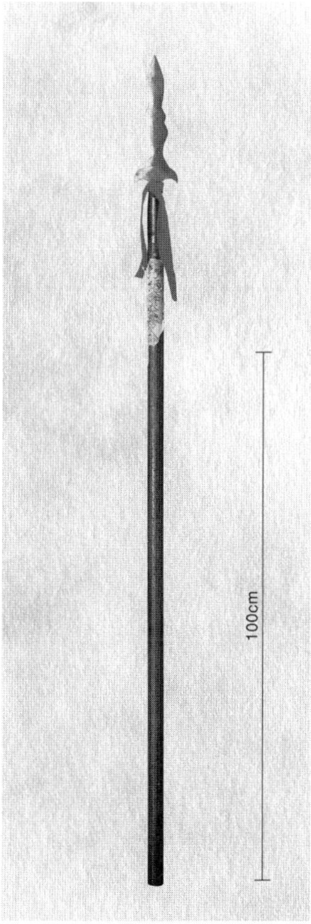

一 青龍擺尾 せいりゅうはいび

棍 右上段から袈裟に上段を打つ。

銀鎗 同様に合わせる。

棍 そのまま下段打ち。

銀鎗 同様に合わせる。

棍 左足を進め、左上段から袈裟に上段を打つ。

銀鎗 右足を引き、同様に合わせる。

棍 そのまま下段打ち。

銀鎗 同様に合わせ、右足を進めて面へ打ち込む。

棍 左足を引き、頭上横一文字に受ける。

銀鎗 柄で下段から金的《きんてき》を跳ね上げる。

⑤

⑥

⑦

双戟

◉そうげき

長さ	五尺〜六尺（約152〜182cm）
間合い	遠間

双戟は、首を薙ぐ横に突き出た刃「戈《か》(援《えん》、枝《し》)」と、胴を突く「矛《ほこ》(刺《し》)」がひとつに組み合わされた長兵器である。すなわち、鎗の刃部の根元から左右に2本の鉤が派出した兵器のことをいう。鉤がひとつの場合は「単戟」という。これらの長兵器は突く、打つ、斬ると攻撃は多彩である。宋《そう》代の「鈎槍《こうそう》」が原形であり、明《みん》代の「環子《かんし》鎗《そう》」や「鈎棒《こうぼう》」は同種の兵器である。

また、両手で用いる長い戟を「長戟」、片手で用いる短い戟を「手戟」という。手戟は、両手にそれぞれ持つのが普通であるが、片方に籐牌《とうはい》を持つ場合には、短刀の代用としてひとつで使う場合もある。形態も、時代や門派によりさまざまである。初期には青銅で作られたが、後世には専ら鋼鉄で作られるようになった。

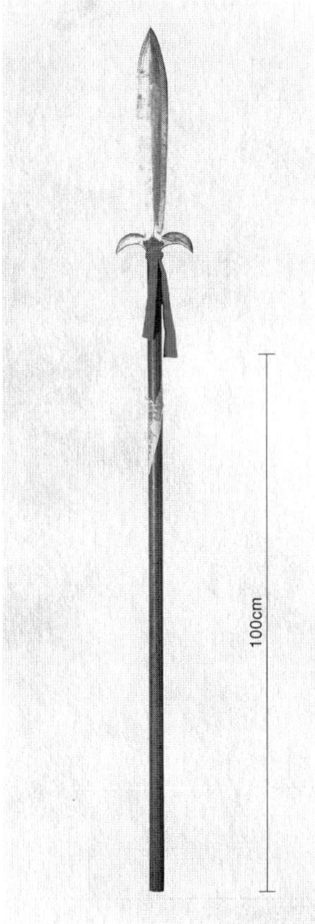

台湾振興社《しんこうしゃ》の武術には双戟と単戟の両方が伝えられているが、いずれも鉤の部分で引っかけるような技法を持たない。

なお、一般に広く知られている双戟は、鎗の左右両側に三日月状の刃をつけたもので、ここで紹介するものとは形態が相違している。

一 中欄刺戟《ちゅうらんしげき》

銀鎗 右前半身で突き込む。

双戟 立てて受ける。

銀鎗 左足を進め、銀鎗を返して柄尻で突く。

双戟 立てて受け、そのまま時計回りに巻き落とし、喉を突く。

①

②

③

④

⑤

長鐗《ちょうかん》

長さ	柄は五尺(約152cm)前後、鎖分銅は六寸(約18.2cm)前後
間合い	遠間

長鐗は長哨子棍《ちょうしょうしこん》の短棍《たんこん》が鎖分銅になったもので、日本の乳切木《ちぎりき》と同類の長兵器である。分銅にはさまざまな形態がある。振興社《しんこうしゃ》系統の門派に伝承されているが、他の門派ではあまり見聞しない。振興社では籐牌《とうはい》との対練を伝えている。対練では極めの動作を作らないため、鎖で敵の兵器を絡ませるという技法はない。分銅は専ら打撃のための具である。長兵器の基本操作はすべて棍法に集約されており、棍法にある程度熟達すれば、他の兵器は比較的容易に習得することができる。

技法としては劈《へき》(割る)、掃《そう》(払う)、掛《か》(引っかける)、甩《しゅう》(振り回す)などがある。

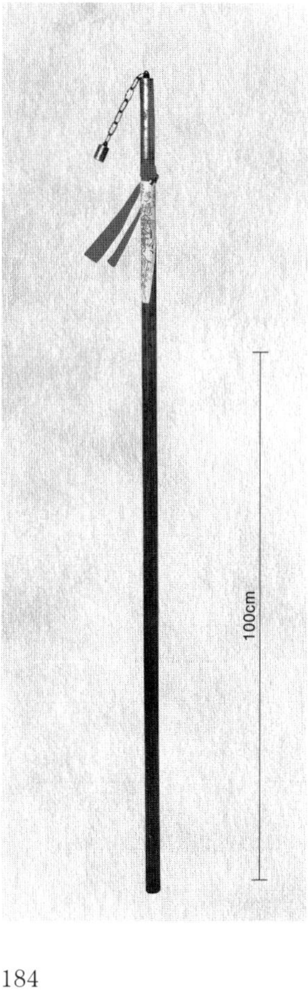

一　長鐧対籐牌　ちょうかんvsとうはい

籐牌との対練で極めを作る動作に改変して紹介する。

(1) **長鐧** 左足を出し、石突で下段を突く。
　籐牌 籐牌で下段を受ける。

(2) **長鐧** 右足を進め、面打ち。
　籐牌 籐牌で受ける。

(3) **籐牌** 右足を進め、刀で右から下段を斬る。
　長鐧 右足を引き、柄で受ける。

(4) **長鐧** 右足を進め、分鐧で面打ち。
　籐牌 籐牌で受ける。

(5) **長鐧** そのまま分鐧で下段を突く。
　籐牌 下段を受けて後方に振り向く。

(6) **長鐧** 左足を進め、石突で左から右に足を払って倒し、分鐧で打つ。

①

②

③

④

⑤

⑥

⑦

棍 ◉こん

長さ	四尺～一丈二尺（約121～364cm）
間合い	遠間

棍は、中国少林寺《しょうりんじ》の僧が拳法とともに修行したとされる、中国においては最も代表的な打突系長兵器（鈍兵器）であり、たいていどこの門派でも伝承している。棍の形状（長さ、太さ、材質）は門派によりまちまちであり、「杆」あるいは「槓」などと書かれることもある。「鉄斉眉《てつせいび》」と称する鉄製の棍も福建省の鶴拳《つるけん》に見られる。沖縄では棒のことを棍と称するが、これはその武術が中国武術の亜流であることを示している。

棍は普通、頭尾の区別がない。寸鉄も用いない棒そのものをいう。製作の簡便さと効力を総合したら、兵器として棍より優れたものはない。対敵想定はさまざまであるが、棍対棍が最も基本となり、その延長上に各種兵器との対練がある。

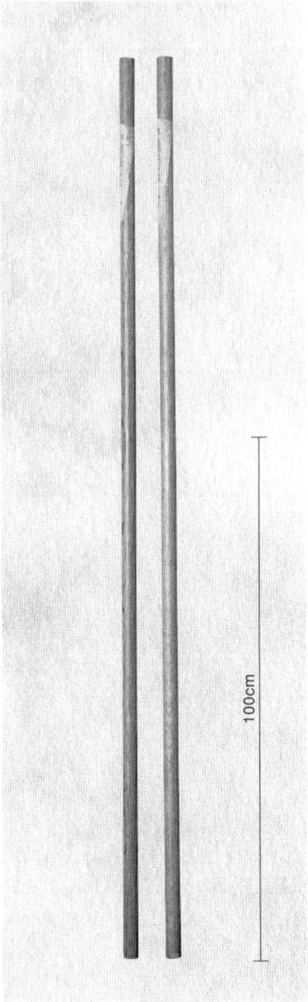

日本でも江戸時代には柔術を修行する者が好んで棒術を兼修し、棒対棒の組形を今に伝える流派も少なくない。日本の棒は口径が八分（約2.4cm）を基本とするが、中国の棍は一寸二分（約3.6cm）以上ある。近年、中国武術の表演会で見られる細くて撓《しな》る「白《はく》榔棍《ろうこん》」「白蝋棍《はくろうこん》」「白柳棍《はくりゅうこん》」などと呼ばれている棍は、実戦には用をなさない。

著者の伝承する台湾彰化振興社《しょうかしんこうしゃ》武術の棍法には「斉眉棍《せいびこん》」「七尺仔槌《ななしゃくしつい》」「九尺棍」「丈二棍」の4種がある。丈二棍は演武の最後を締めくくる兵器である。

一　棍対棍 こんvsこん

振興社に伝承する棍対棍の双行を紹介する。棍は斉眉棍を使用する。中国の対練には我敵の区分がない場合が多く、ここでも先攻と後攻という区別で解説する。

1 双方三礼後、先攻は進み、後攻は下がり、上段、下段と合わせる。

2 先攻が面を打つのを後攻は一文字に受ける。

3 先攻が右から左に足払いにくるのを後攻は跳ねてかわし、足を入れ替える。

4 先攻が右胴を打つのを後攻は棍を立てて受ける。

5 先攻と後攻が入れ替わり、同じ動作を行う。

6 先攻は進み、後攻は下がり、上段、下段と合わせ、双方分かれて右上に棍を構える。

⑤

⑥

⑦

⑧

流星錘 ◉りゅうせいすい

長さ	規定なし
間合い	遠間

鎖の先端に錘《おもり》のついた投擲武器が流星錘である。鎖はもちろん縄になっていることもあり、革紐の場合もある。宋《そう》の時代を起源とし、軍事にも使用されていた。

錘の形態は切子型のものと南瓜型のものとがある。錘は極めて重く、一撃で人を死に至らしめるほどの破壊力がある。錘が鎖の片方にしかないもの(単錘流星)と、両方についているもの(双錘流星)とがある。

錘の大きさは通常数cmであるが、著者が台湾で購入した双錘流星は、錘の直径が14cm、鎖の長さが140cmもある。使用するには厚手の手袋が必要であり、使い勝手が非常に悪い。

日本にも鉄鎖など同類の鎖武器があるが、大きさや重量が全く異なり、使用法も相違する。

同類の兵器に「少林鉄流星《しょうりんてつりゅうせい》」「鏈子錘《れんしすい》」「少林亮銀鏈子錘《しょうりんりょうぎんれんしすい》」「棱角流星《りょうかくりゅうせい》」「少林流星両頭錘《しょうりんりゅうせいりょうとうすい》」などがあり、秘密結社で大量生産されていた形跡がある。

一 打ち落とし《うちおとし》

二 払い上げ《はらいあげ》

三 横打ち《よこうち》

四 投げ放ち《なげはなち》

九環刀 ◉きゅうかんとう

長さ	二尺四寸（約72.7cm）
間合い	中間

九環刀は、手刀の刀背の部分に穴が9か所並んで開けてあり、鉄環をその穴にひとつずつ、計9環をつけた刀類に属する武器である。

類書にはこの九環刀で大きな音を立てて、相手の馬を驚かせて戦うとあるが、戦闘中にこのような華奢なリングの音に驚くような戦闘馬はいないだろう。これは表演中に音で迫力を出すためのものであり、もし、この音をもって戦闘の用に供するとしたら、それは集団で士気を高揚させる程度のものであろうと思われる。

九環刀から環を取り除いたものを明《みん》代には「手刀《しゅとう》」と称し、同類の兵器には「柳葉刀《りゅうようとう》」「朴刀《ぼくとう》」「直背刀《ちょくはいとう》」「雁翅刀《がんしとう》」「破風刀《はふとう》」「鬼頭刀《きとうとう》」「大砍刀《だいかんとう》」などがある。

ここに紹介するものは、著者が台湾の蚤の市で見つけた旧時代に製造されたもので、重量も形態も古式に則っている。もちろん修練用であるため刃はなく、総赤銅製である。房は外れているが、柄巻きは往時のまま残っている。環は残念ながらふたつ欠損している。

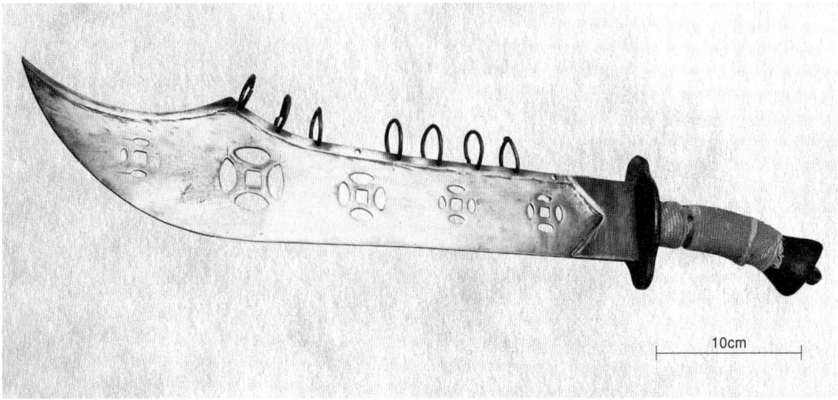

一 金鶏独立《きんけいどくりつ》

蹚刀 左足を斬る。

九環刀 左足を上げ、九環刀で払う。

蹚刀 右足を斬る。

九環刀 右足を上げ、九環刀で払い、そのまま踏み込んで、首を斬る。

①

②

③

④

⑤

鉤鎌刀

◉こうれんとう

長さ	一尺七寸（約51.5cm）前後
間合い	中間

鉤鎌刀は双刀とほとんど同型の短兵器であるが、刃部の先端が鳥の嘴《くちばし》状に曲がっている部分が異なっている。この曲がった部分で敵の得物を引っかけたり、奪ったりするのである。大陸の同種の兵器は「双鉤《そうこう》」と称しているが、この兵器は刃部が細く、柄に月牙形《げつがけい》の護手がついているのが異なる。沖縄に伝わる二丁鎌は鉤鎌刀の変形略式であり、沖縄で独自に生まれた武器ではない。付記すると、沖縄の武器及び空手はほとんどが中国の亜流であり、それが変質したものであることは確実である。

また、大陸では鉤鎌刀というと、普通は長兵器を指す。台湾の振興社《しんこうしゃ》にもこの鉤鎌刀の他に、長兵器の「鉤鎌」がある。長柄の先に鉤鎌刀の刀部をつけた兵器である。現在、鉤鎌刀の套路《とうろ》を伝える門派は至って少ない。

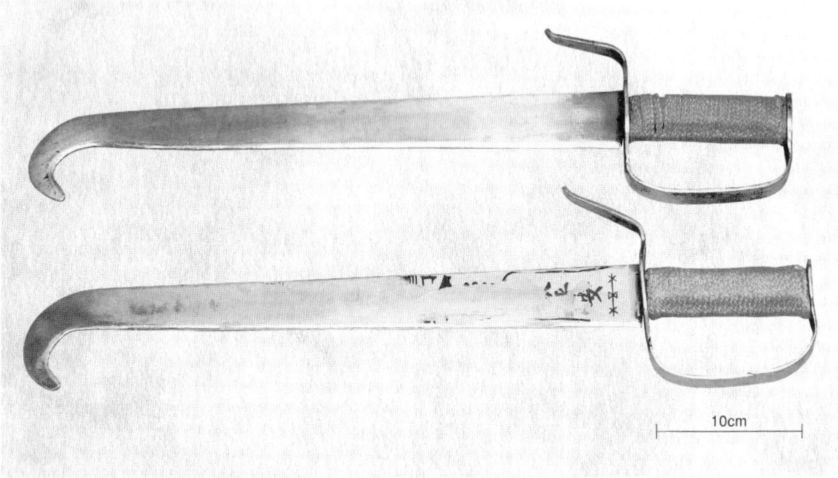

一 旋刀入歩 せんとうにゅうほ

銀鎗 右足を進めて喉を突く。

鉤鎌刀 左足を引き右刀で外へ受け、左足を踏み込んで肩を斬る。

二 両儀挟頸 りょうぎきょうけい

鉤鎌刀 両刀で正面を斬る。

銀鎗 横一文字に受ける。

鉤鎌刀 両刀の先端に銀鎗《ぎんそう》の柄を引っかけて下に奪い落とし、両刀で首を挟み斬る。

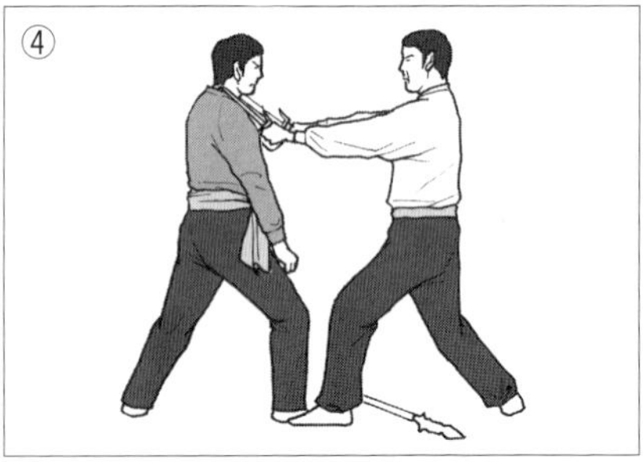

双刀

◉そうとう

長さ	一尺七寸（約51.5cm）前後
間合い	中間

双刀は「蝴蝶刀《こちょうとう》」「陰陽刀《いんようとう》」「子母刀《しもとう》」「猴鶴双刀《こうかくそうとう》」などとも呼ばれている。刃部は包丁状で、柄には護拳がついている。また、刃部の背と柄の接合部分から鉤が派出していて、敵の得物を引っかけることができるようになっている。稀に鉤のないものもある。鉄尺《てっしゃく》と同根の短兵器であり、両手に持って使用するが、稀に片手だけで用いることもある。

洪拳《こうけん》大師黄飛鴻《こうひこう》は双刀の達人で、南方の少林派《しょうりんは》武術にはたいてい、この短兵器が伝えられている。広西壮族《こうせいチワンぞく》自治区桂平《けいへい》縣で発見された太平天国の乱で使われた兵器のなかに、この双刀がある。太平天国の乱が起こったのは道光《どうこう》三十年（1850）であるから、それ以前にすでに実用性のある兵器としての地位を確立していたことは事実である。

一　開門渡世《かいもんとせい》

銀鎗 右足を進めて喉を突く。

双刀 右足を引き両刀で左へ受ける。

銀鎗 左足を進めて柄尻で喉を突く。

双刀 左足を引き両刀で左へ受け、前進して両刀で腕を斬る。

二 開門封鎗《かいもんふうそう》

銀鎗 右足を進めて喉を突く。

双刀 右足を引き両刀で右へ受け、両刀の鉤で銀鎗《ぎんそう》の柄を挟んで巻き落とし、左刀で腕を斬る。

鉄尺 ◉てっしゃく

長さ	一尺～一尺五寸（約30～45.5cm）
間合い	中間

鉄尺は短剣から変化した打撃用の短兵器。「双侠鞭《そうきょうべん》」ともいう。一尺から一尺五寸ほどの鉄棒から2本の鉄鉤が派出した兵器で、日本の十手《じって》に似ている。鉤は2本とも鉄棒の先端の向きに曲がっているものと、2本が上下逆方向（卍状）に派出しているものとがある。鉄棒や鉤の形態は多種多様である。江戸時代に仙台藩に伝承した神徳《みとく》流の十手は「満字転木《まんじてんき》」と称し、鉄尺とほぼ同型をなしており、両手に持って使用した。漢《かん》の古典籍から転用して創作されたものかもしれない。

本来、籐牌《とうはい》を左手に、この鉄尺を斬撃用に右手に持って使用したものであるが、拳法の発達とともに、同じ鉄尺2本を両手に持って使用する風潮が生じた。そして、当初あった刃部は消え、拳法の延長としての性格を帯びて打突専門の兵器となり、鉄尺を手前に反転して柄尻で攻撃する技法が生まれた。沖縄に伝えられている釵《さい》はこの鉄尺をそのまま踏襲したものであるが、その使用法には変質が見られる。世界中で行われている釵術は空手とともに伝播したもので、ほとんど沖縄流である。

また、中国では清《しん》朝に反清復明《みん》を唱える秘密結社の指標兵器（所持している兵器によって所属結社がわかる）としても用いられた。

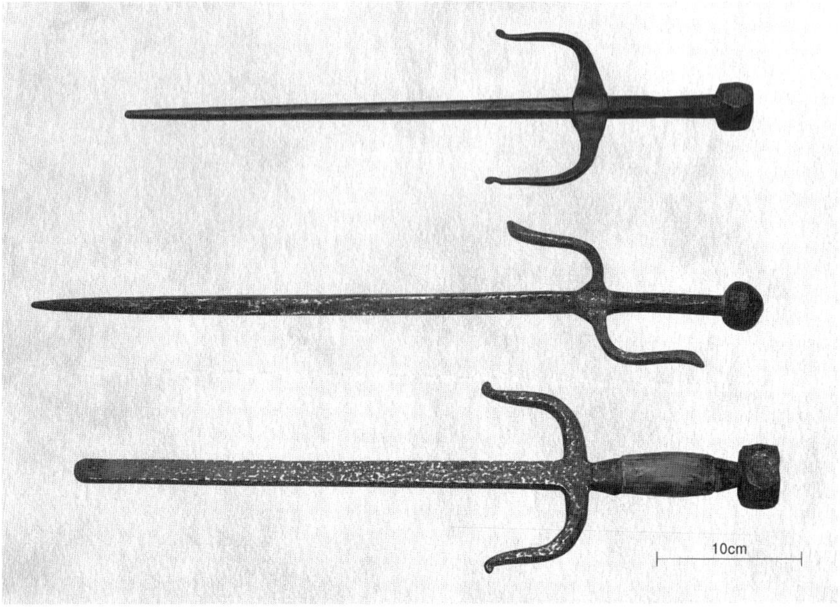

一 鉄尺単行 てっしゃくたんこう

短兵器の技法はいずれも大同小異のため、ここでは台湾振興社《しんこうしゃ》に伝わる伝統套路《とうろ》を紹介する。

1 右に移動し、両鉄尺で袈裟に打ち、さらに逆袈裟に打つ。

2 左に移動し、両鉄尺で袈裟に打ち、さらに逆袈裟に打つ。

3 左足を引き、左鉄尺を立て、右鉄尺で左辺を打つ。

4 右足を出し、右鉄尺で前方を打つ。

5 右鉄尺を立て、左足を進め、左鉄尺で正面を打つ。

6 後方へ飛んで座し、両鉄尺を返して柄頭で地を突く。

7 立ち上がり、両鉄尺を突き上げ、右足で蹴る。

8 右鉄尺、左鉄尺、右鉄尺と3連突き。

9 両鉄尺を返して前後を同時に上段打ちする。

10 右鉄尺を立て、左足を進め、左鉄尺で正面を打つ。

11 右足を後ろ回りに進め、両鉄尺を回して右鉄尺で前方を打つ。

12 転身して両鉄尺を回し、左鉄尺で前方を打つ。

①

②

③

④

⑤

⑥

⑦

⑧

⑨

⑩

⑪

⑫

⑬

⑭
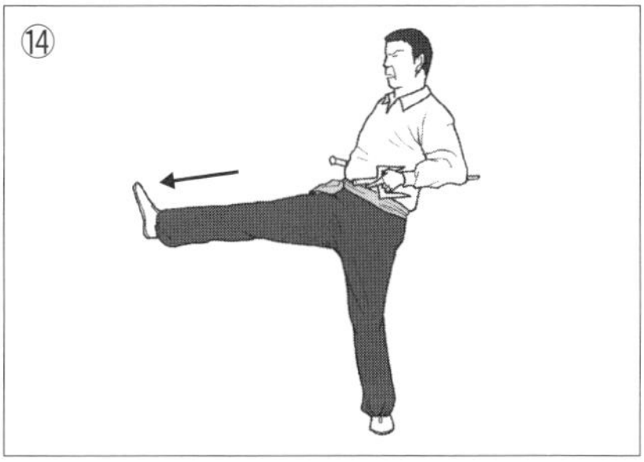

⑮

⑯

⑰

⑱

⑲

⑳

㉑

㉒

㉓

㉔

㉕

㉖

㉗

㉘

鉄尺起源考

沖縄から徒手《としゅ》空拳の空手とともに日本本土へ入ってきた武器術の主たるものは、棒と釵《さい》である。しかし、その釵が中国の釵(鉄尺《てっしゃく》)と形態や技法でどのような相違点を持つのかということを、これまで研究した人はいない。なかには、釵は沖縄で生まれた沖縄独自の武器であるなどという珍説を唱える人もいる。ここでは、沖縄の釵の親元である中国の鉄尺についてさまざまな視点から考察し、その起源について述べてみたい。

鉄尺の原形は西域の短剣

中国の鉄尺を日本では釵という。その形状は2種類ある。ひとつは柄の本体から派出している2本の鉤がU字型になっているもの、もうひとつは卍型になっているものである。中国ではこの短兵器が北派《ほっぱ》に少なく、逆に南派少林系《なんはしょうりんけい》武術ではほとんどの門派で伝承している。

沖縄には中国の福建省から入った。その中国の鉄尺は、他の兵器と同様に、西域(欧州・中近東)から海路を経て華南の沿岸地域に入った。中国南派武術各派で用いる長兵器や短兵器、また盾などの防具も、すべてその原形は西域にある。北派にこれらの兵器が少ないのは、地理的な要因によるものと考えられる。

鉄尺の鉤は鍔

鉄尺は「打撃兵器」であるが、その原形となった西域の兵器は短剣であり、「殺傷兵器」である。すなわち、鉄尺の鉤は本来防御のための「鍔」であり、反転させるのに用いる「鉤」ではない。

双有刀(双刀)のこと

鉄尺と並んで南派でよく見る兵器に双有刀《そうゆうとう》(「蝴蝶刀《こちょうとう》」「陰陽刀《いんようとう》」ともいう)がある。剣と違って刀幅が広く、刃は片刃である。この短兵器には棟に1本の鉤がついている。原形はやはり西域にある。イエメンでは現在でも男子が胸にこの短刀を携えている。西域ではこれらの兵器を使用する場合、右手に1本だけ持って使う。左手にはたいてい盾を持っている。刃がついているから、日本刀と同じように敵に向ける兵器の角度(刃の方向)はいつも一定である。双有刀では敵の正面に斬りつけた場合、棟から派出している鉤は上になる。このことは重要である。鍔つき短剣も同様で、敵の正面を斬った場合、2方向に派出している鍔は上下の位置になる。そのほうが斬撃力が大きくなる。鍔が横向き(左右に派出)になることは、刀の鎬《しのぎ》(平面)の部分で敵を打つことになり、西域剣や双有刀の場合、そのような方法はありえない。

沖縄の誤った釵の使用法

ところがどうだろう。中国の南派の鉄尺、それを踏襲した沖縄の釵、いずれも両手に持って使う。しかも沖縄では敵に打ち込むとき、鉤の方向は左右に位置している。これは歴史的に見ても、また力学的に見ても明らかに不合理である。どうしてそのようになってしまったのか推論してみたい。師匠から教えられたことはすべて正しい、という先入観を持って技法を学ぶため、たとえそれが不合理な方法であるとしても、吟味もせずにそのまま踏襲してしまう。

鉄尺の原形は1本使い

中国の鉄尺はもと、右手に1本持って、左手には盾(籐牌《とうはい》)を持って戦った。すなわち、西域のスタイルである。この鉄尺は今の沖縄の釵と違い、殺傷威力のある西域の短剣と同等のものである。著者が習得している振興社《しんこうしゃ》武術でも1本で使用する「鍔つき鉄尺」がある。もちろん反転して返すことはできない。鍔は平打ち(板状)である。

中国で現在確認できる最も古い鉄尺や有刀の原形となったと思われる武器は、春秋戦国時代の龍頭《りゅうとう》青銅剣である。この時代の青銅剣にはすでに鉄尺や有刀と同じ鉤がついていることがわかる。やはりもともとは1本使いであった。もちろん鉤は護拳の役目、すなわち鍔としての存在でしかない。

近代以降の鉄尺技法は拳法技法と同根である

ところが、南派の鉄尺も沖縄の釵も、現在では本来の鍔が平打ちから丸棒になり、反転技法がしやすいように変形している。これは中国武術が形式化されていく時代(明《みん》代)に、拳法家が拳の延長としてこの兵器を用いた結果と見ることができる。すなわち、拳法の動作を鉄尺を持って演じたのである。

鉄尺は芸具

鉄尺は長兵器に対しては明らかに不利である。反転させて柄頭で突くのは技の原則からすれば逆効果である。武器は、離れている敵にいかに効果的な攻撃を与えるかが、その役目となっている。わざわざ鉄尺を返して短くし、敵に接近しないと使えないのは不合理である。しかも沖縄の釵では、釵を返したときに肘から出る一寸(約3cm)ほどの先端で後方の敵を突くのだというが、そんな難技は実戦ではほとんど役に立たない。

ではなぜそのような技法が成立したのだろうか。それは鉄尺が戦具ではなく「芸具」だからである。かろうじて戦具時代の名残をとどめる振興社の鉄尺は、鉤を上下にして打つ。中心となる本体の鉄棒が、まだ剣や刀であった時代の使用法である。実際、鉄尺の鉤を鍔として使う場合、鉤は上下にしないと都合が悪い。鉄尺と同時に双有刀が伝えられていたから、正しい使用法が残ったのだろう。

ところが、禁武政策の敷かれていた沖縄には刀剣類に属する双有刀がない。そのため釵の使用法はひとり歩きして変化し、打つときには鉤が左右になる打ち方が定着してしまった。これでは打撃力がつかないため、打つときに棒身を親指で押さえているのである。これがもし刀剣ならば、前述したように鎬で打っていることになる。日本の十手《じって》も鉤を上、または下に向けて構えるのが正しい。本来、1本使いであった鉄尺が、拳法家により武芸として2本使いになったものと推察する。

中国武術界の権威・蔡龍雲《さいりゅううん》が、民間に伝承している武術套路《とうろ》を保存する目的で編纂した著書のなかでも、鉄尺の鉤は上下になるように持つと解説されている。

ちなみに、沖縄では釵の柄尻で突くときに、空手の正拳突きと同じように捻り突きをしているが、本来すなわち中国の短兵器には捻り突きの方法は存在しない。この捻り突きも沖縄で考えられた方法である。

十手のこと

1本使いの場合、左手に盾を持っていないと右手の鉄尺は役に立たない。盾を持たずに鉄尺1本では全く用をなさないのである。日本の十手が武器として役に立たなかったのもそのことで立証できる。捕方《とりかた》の十手は武士の大小と同じく「身分証明具」である。だから金銀で装飾した手の込んだものが多い。あの短い鉄棒1本で刀を受け止めるのは、極めて難技である。だから捕方の十手は、武術流派が伝える十手と区別しなければならない。武術十手は鉤の幅が広く、長さも長めで、多くは空いているもう一方の手に短棒(なえし)を持って使う。そうでなければ術にならない。もちろん柔術の技と併用して用いれば1本でも使えるが、高度で迅速な技術が要求される。

日本武術に両手で持って使う鉄尺が流行しなかったのは、やはり拳打専門の武術がなかったからであろう。打突専門の武技ではないから、同じものを2本持っても用をなさないのである。日本の武術は発想の原点が西洋や中国にあることは確かであろうが、日本刀をはじめとして、十手も鎖鎌も薙刀や槍も、ほとんどが国風化している。

套路名のこと

沖縄の釵の使用法は、大陸の鉄尺が伝わってから、沖縄人が空手の動きに合わせて自由に創作したものだから、当然大陸の鉄尺の使用法とは相違している。それが沖縄の武術家にとって正しい使用法であることは当然である。現在の沖縄の釵の套路に沖縄人の姓名がつけられているのは、沖縄人が套路を創作したからであろう。

もともと、中国武術の各門派には基本的に各兵器套路がひとつずつしかなく、振興社武術においても拳法套路には名称があるが、兵器の套路には名称がない。兵器の名称がそのまま套路の名称になっている。套路はひとつだけだから名称をつける必要もない。振興社武術の鉄尺の套路は四路あるが、それらは大同小異であり、もとはひとつであったのが変化したものだと思われる。現在この四路を全部演じることのできる者は台湾にもなく、著者がただひとりできるのみである。これは著者が複数の教練から学んだためである。もともと名称がない套路は、その一部が沖縄に伝えられたとしても、その沖縄産套路に人名が付されるのは自明の理である。

テコンドーのこと

ついでに述べると、オリンピックのテコンドー競技を「朝鮮半島古来の伝統武術がもと」と国際的に宣伝しているが、テコンドーが日本の空手の亜流であることは、少しでも武道史を囓れば誰にでもわかることである。新しい文化が移入されると、それが定着するころには、さもその素晴らしい文化がもともと自分の国にあったものだと主張する。

インドネシアやマレーシアに伝わるシラットのジャングルファイト源流説、沖縄の「手」存在説、そしてこのテコンドー朝鮮古武術説、すべてが自国崇拝の産物である。空手史研究家の笠《かさ》尾《お》恭二《きょうじ》氏もその著書のなかで「手」とは拳法の意味であると述べられている。まさにその通りであり、「唐手」とはすなわち「中国拳法」のことなのである。

沖縄古武道

沖縄の空手はやがて「日本の空手」となり、世界へ普及した。同時に武器術であった釵や棍《こん》も世界へ広がった。その陰には日本の経済発展と世界への市場の広がりがあったことを見逃してはならない。すなわち、空手にしても武器術にしても、世界に広がり出すのは昭和40年代以降のことだからである。

当時の中国は全くの鎖国状態であり、近年に開国してからも現在に至るまで、経済的には「発展途上国」なのである。この国の武術が世界へ動き出すのが(華僑により古い時代に東南アジアへ伝えられた例は除外する)空手よりも1歩も2歩も遅れたのは当然である。また、空手がいち早く競技化に成功したことが、普及する原動力になっている。そこで試合のできない武器術はいつの間にか「沖縄(琉球)古武道」とされてしまった。誠におかしな話である。「古」の概念は「無手(徒手《としゅ》武術)」と「有兵(武器術)」の区別とは関係がない。空手も武器術もほぼ同時に中国から移入されたのであり、新古の区分をすること自体がナンセンスなのである。

中国の兵器は鉄尺に限らず、世界への普及率は現在なお極めて低い。しかし、こうした近年の動きは、沖縄と中国の武術の古い関係を論じる際には介入させてはならない。

再び双有刀について

そもそも拳法の套路が発生するまでは、両手に同じ兵器を持って戦うという発想はなかったものと推察する。短兵器＝手の延長という発想が、拳法套路の延長線上に兵器套路を創作させたのであろう。鉄尺や双有刀など現在は2本使いになっているものも、古い時代には1本使いであった。中国には沖縄にはない兵器がたくさんある。これらのうち刃のある殺傷兵器は沖縄では使用することができなかったため、打撃専門の鈍兵器だけが沖縄に流れた。

広西《こうせい》壮《チワン》族《ぞく》自治区桂平《けいへい》縣で発見された、太平天国の乱で使われた兵器のなかに有刀がある。この時代の戦乱でその実用性が発揮されているということは、少なくともそれ以前には、この兵器が大陸に定着していなければならない。太平天国の乱が起こったのは道光《どうこう》三十年(1850)と時代が下がるのは仕方ないが、それ以前にこの兵器が大陸に定着していたことを示す貴重な史料である。有刀は鉄尺とは兄弟兵器であり、中国では1本でも2本でも使う。「双有刀」あるいは「蝴蝶刀」「陰陽刀」などの呼称は、この兵器を2本、両手で持って使用するようになってからのものである。

秘密結社

中国では1本使いも2本使いもともに鉄尺という。清《しん》朝時代の秘密結社に「小刀《しょうとう》会《かい》」や「鉄尺会」があり、清朝初期に鉄尺が結社のシンボルとして存在していたことがわかる。また、小刀というのは有刀のことである。

鉄尺を沖縄では釵というが、この「釵」は「三つ叉」を表す中国の言葉であり、これが中国から外来した名称であることがわかる。

多節鞭

◉たせつべん

長さ	四尺～五尺（約121～152cm）
間合い	中間

多節鞭は四、五寸(約12.1～15.2cm)の細い鉄棒を複数、鉄環(鳴環《めいかん》)で結びつけた軟兵器である。鉄棒の数により、さまざまな長さのものがあるが、七節、八節、九節が最も一般的であり、また使いやすい長さでもある。稀に短い三節鞭や長い十節鞭、十三節鞭などがある。片方の端は握る部分としての把部となっており、もう一端は先端が尖った状態になっている。また、明《みん》代から清《しん》代初期にかけては少林門《しょうりんもん》に「少林《しょうりん》二《に》十《じゅう》四《し》節《せつ》麒麟《きりん》鞭《べん》」「少林《しょうりん》二十八《にじゅうはっ》節《せつ》竄宮《ざんきゅう》鞭《べん》」「少林三十六節龍梢鞭《しょうりんさんじゅうろくせつりゅうしょうべん》」「少林鈎魚鞭《しょうりんこうぎょべん》」などの特殊な多節鞭が伝わっている。

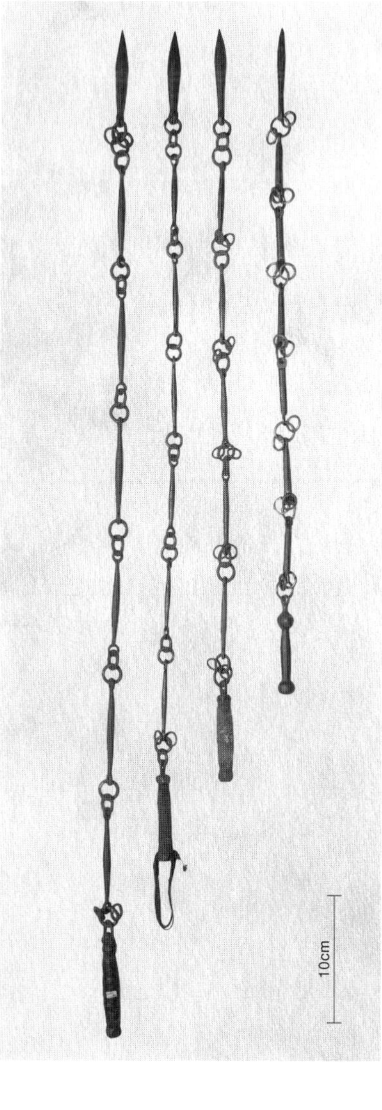

振り回して先端部で敵や敵の得物を打ちつけるのが本義であるが、それらに巻きつけて引き倒したり、得物を奪ったりすることもできる。清朝中期以降に華南で勢力を持った秘密結社の指標兵器としても使用された。折り畳んで携帯できる点が優れている。

主要練習技法には纏《てん》(巻きつける)、掄《りん》(振り回す)、掃《そう》(払う)、掛《か》(引っかける)、拋《ほう》(投げる)、舞花《まいか》、地趟《ちしょう》などの鞭法がある。近年の表演会でよく見られるようになった、若者が激しく振り回して使うような技法は、見せるための要素を前面に出したものであるため、実戦性を失い、本来の古朴な技法からは大きく逸脱している。

一 打ち落とし《うちおとし》

二 袈裟打ち《けさうち》

三 横打ち《よこうち》

鏈鞭 ◉れんべん

長さ	一尺〜二尺五寸（約30〜75.8cm）
間合い	中間

鏈鞭というのは著者の命名である。四寸(約12.1cm)程度のふたつの長分銅を特殊な変形鎖の両端につけた軟兵器で、日本の鉄鎖に相当する。分銅は先端が尖ったものと、切り落として平らになっているものとがある。多節鞭《たせつべん》と同様に小さくまとまるため、携帯に便利である。使用法は多節鞭とほとんど同じであるが、両端のどちらでも攻撃できる点で優れている。

この兵器は、古今東西を通して全く文献に登場したことがない。近年、極めて大量に日本に持ち込まれているが、当初は兵器であるかどうかも疑問視されていた。この兵器も秘密結社の指標兵器であった可能性が高い。短いものでは著者の収集のなかに一尺のものがあり、非常に使いやすい。

ほとんどの鏈鞭は機械で工作されているが、ひとつとして全く同じものに出会ったことがない。またそのほとんどは保存状態が極めて悪く、長期間にわたって地中に埋められていた可能性がある。台湾の伝統門派にはこの種の軟兵器は伝えられていない。

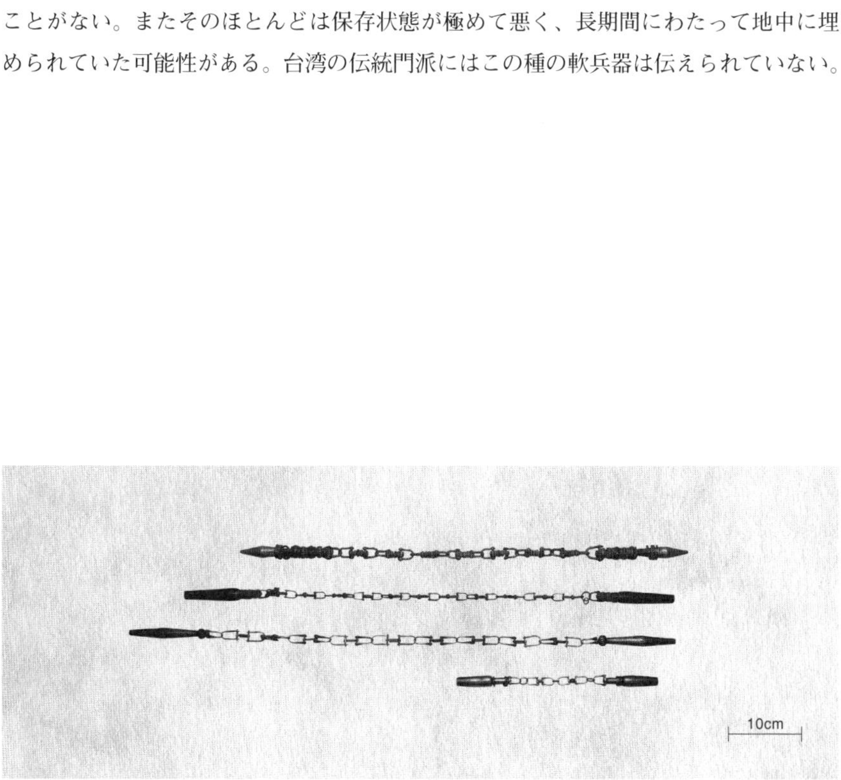

一 旋風掃葉 せんぷうそうよう

銀鎗 右前半身で突き込む。

鏈鞭 体を右に捌《さば》き、鞭で右小手を払い落とし、そのまま足を払って倒し、さらに上から胴を打つ。

①

②

③

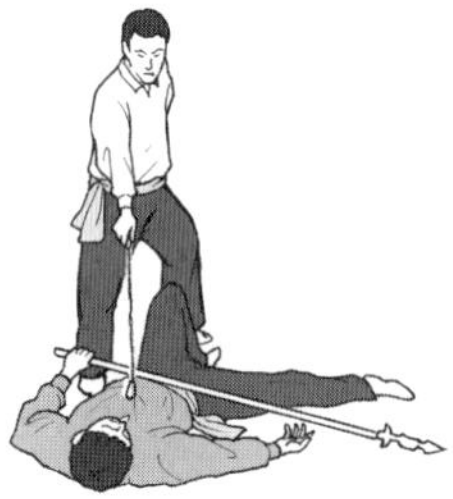

双鐧

◉そうかん

長さ	一尺四寸～一尺八寸（約42.4～54.5cm）
間合い	中間

双鐧の鐧は「簡」とも書く。把部（柄）と身部（打撃部）が区分されているだけの短い鉄棒で、派出部分が全くない短兵器。身部は原則として四棱になっているが、その形態にはさまざまなものがある。把部と身部の間に小さな鍔が入るものもある。打ち7分、突き3分で使用する。

1本で使用する鐧はだいたい四尺（約121cm）程度であるが、双鐧は鉄尺《てっしゃく》と同じくらいの長さになる。鐧の種類には「凹面鐧《おうめんかん》」「龍頭鐧《りゅうとうかん》」「四棱鐧《しりょうかん》」「混円鐧《こんえんかん》」がある。日本の下級武士や捕方《とりかた》が帯びていた「なえし」や「鼻捻《はなねじ》」の類は、この種の兵器と同類である。

技法には刺《し》（刺す）、点《てん》（突く）、攔《らん》（遮る）、格《かく》（捕らえる）、劈《へき》（割る）、架《か》（かける、支える）、截《せつ》（断つ、斬る）、掃《そう》（払う）、撩《りょう》（絡げる）、蓋《がい》（覆う、防ぐ）、滾《こん》（たぎる）、圧《あつ》（押さえる）などがあり、多彩である。

なお、フィリピンに伝わる「カリ」は、華僑が東南アジアに伝えたもののひとつで、この兵器が原形である。

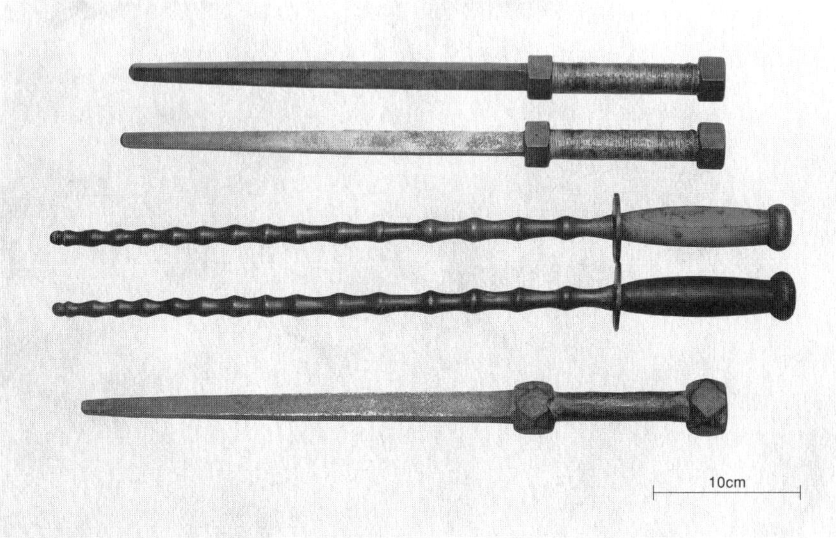

一 前因後果 ぜんいんこうか

銀鎗《ぎんそう》が中段を突いてくるのを左鐧で外に払い、右鐧で小手を打ち、首を打つ。

二 左右格撃《さゆうかくげき》

銀鎗が上段に打ち込むのを右鐧で受け、左鐧で首を打つ。

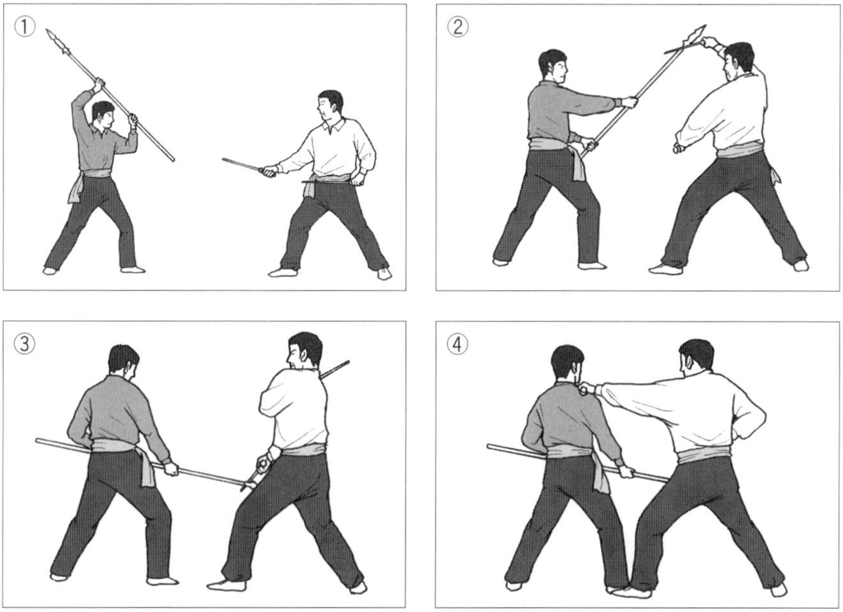

銅鎚

◉どうつい

長さ	二尺二寸（約66.7cm）
間合い	中間

銅鎚は二丁揃いであるので、正式には「双銅鎚」という。紹介するものは全長が二尺二寸、うち鎚(錘《おもり》)の部分が六寸七分(約20.3cm)ある。中国で入手した。この種の短兵器の打撃部にあたる頭部を普通「錘《すい》」と呼ぶが、紹介した兵器のように瓜の実に似ている兵器は「瓜《か》」と呼ぶこともある。製作年代は比較的新しく、柄は補強のために鉄パイプで覆われている。頭部は銅板を切り、古式に則り丁寧に張り合わせていて、頭頂部には菊座がある。

明《みん》代の悟雷和尚《ごらいおしょう》が使用した「少林銅鎚《しょうりんどうつい》」は銅鎚の代表である。また、同類の兵器に「八棱錘《はちりょうすい》」「金瓜錘《きんかすい》」「臥瓜錘《がかすい》」などがある。

重量は相当あり、これを両手に持って表演するのには、かなりの腕力を必要とする。こんな兵器で頭部を攻撃されたら、ほとんど即死である。

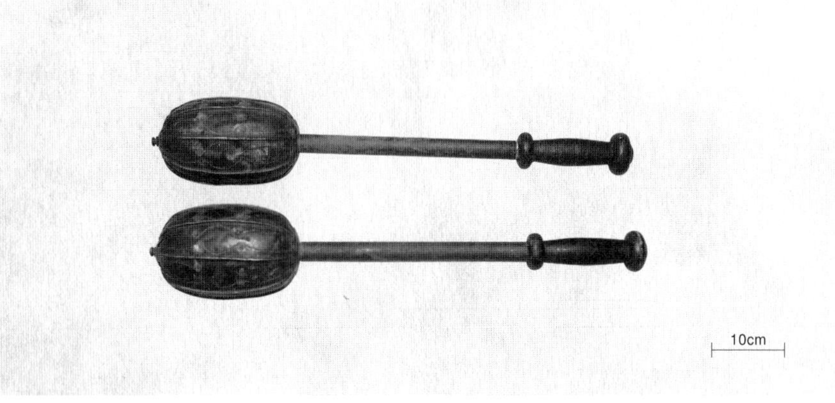

一 二龍吐水《にりゅうとすい》

関《かん》羽《う》大刀《だいとう》で正面を斬ってくるのを右鎚で左から右に払い、左鎚で柄を打って関羽大刀を叩き落とし、右鎚でとどめを刺す。

①

②

③

④

双瓜錘 ◉そうかすい

長さ	一尺六寸〜一尺七寸（約48.5〜51.5cm）
間合い	近間

双瓜錘は銅鎚《どうつい》を小型軽量にしたような短兵器。柄の部分は鉄または木、瓜錘の部分は真鍮、銅、鉄、木などで製作する。両手に持って使用する。銅鎚に比べればかなり使いやすいが、それでも自在に操るためにはかなりの腕力を必要とする。

錘に属する兵器が実戦用として普及したのは宋《そう》の時代で、その後、中国北方の遊牧民族もこれを使用し、清《しん》の時代には歩兵の軍用兵器として使われた。

使用法は鉄尺《てっしゃく》や鐧《かん》と大同小異である。単純な兵器であるが、その形状にはさまざまなものがある。

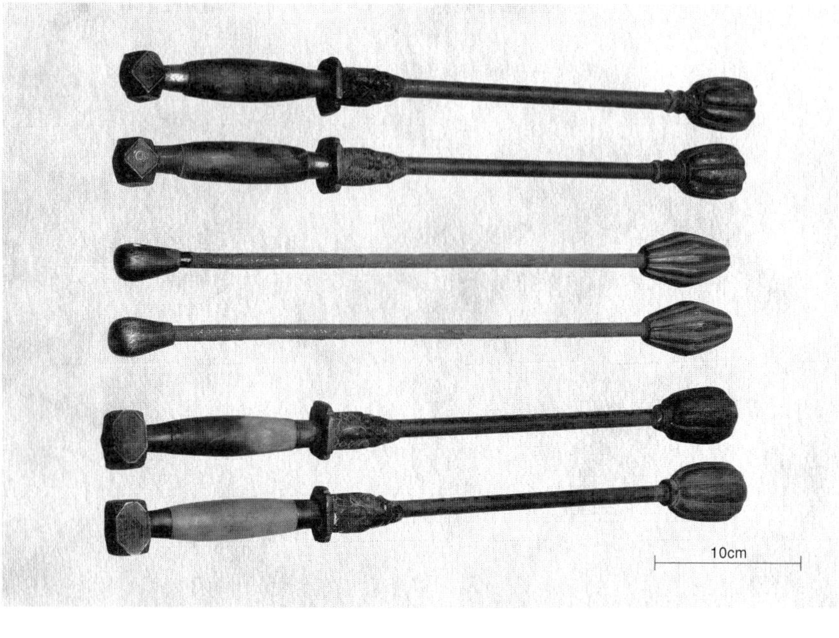

一 左右封撃《さゆうふうげき》

銀鎗 上段を打つ。

双瓜錘 交叉して受ける。

銀鎗 下段を突く。

双瓜錘 交叉して受ける。

銀鎗 中段を突く。

双瓜錘 左へ移動して双瓜錘で右に受け、左足で腕を蹴って、双瓜錘で胴を打つ。

双鏈 ◉そうれん

長さ　一尺三寸～一尺五寸（約39.4～45.5cm）（鎖を含む）
間合い　中間

双鏈は一尺（約30cm）から一尺二寸（約36.4cm）ほどの短棒に三、四寸（約9.1～12.1cm）の鎖分銅をつけた短兵器で、拳法の延長技法として両手に持って使用する。小哨子棍《しょうしょうしこん》と同類の兵器で小棍《しょうこん》が鎖分銅に変化したもの。鎖は本来直径一寸（約3cm）ほどの鉄環で作るが、短いために敵の武器に巻きつけることはできない。専ら打撃に使用する。分銅の形態は大小さまざまである。

実戦上の理論からいえば、同じ武器を2本持つというのは全くの不合理である。片方が防御の役目をするのであれば、もっと防御に適した防具を持つべきである。こうした双短兵器は概して、拳法の発達に応じて工夫されたものであることが推察される。それは鉄尺《てっしゃく》が本来の斬撃武器から拳法の延長としての打突武器に変質したのと同じである。本来は片手に持って哨子棍と同様、軍馬の脚を薙ぎ払ったものであろう。

日本の鎖打棒が同種の武器であるが、鎖打棒は1本で使用する。

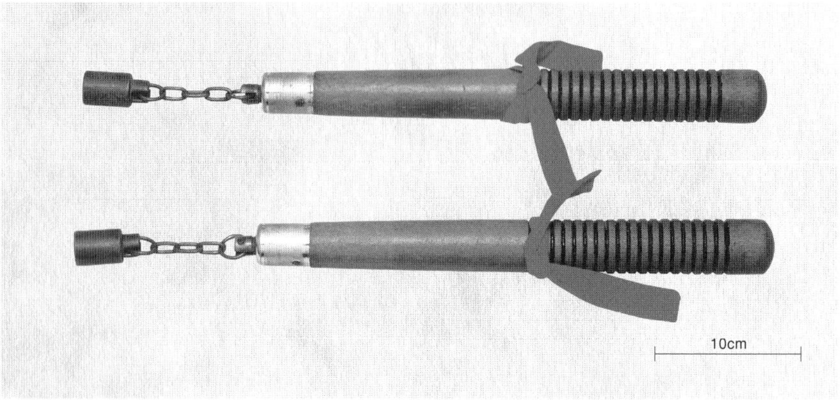

一 播種直打 はんしゅじきだ

棍で中段を突くのを内へ受け、そのまま踏み込み分銅で小手を打つ。

①

②

③
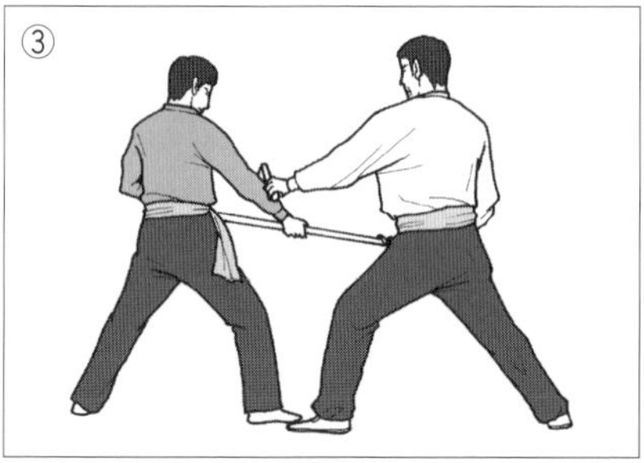

二 開門送客 かいもんそうかく

銀鎗 下段を突く。

双鏈 敗馬勢《はいませい》になり双鏈で上から押さえる。

銀鎗 抜いて上段を突く。

双鏈 左鏈で銀鎗《ぎんそう》を外に払い、両分銅で鎖骨を打ち砕く。

小哨子棍

◉しょうしょうしこん

長さ	長棍一尺三寸(約39.4cm)+短棍五寸(約15.2cm)
間合い	中間

小哨子棍は、一尺三寸程度の長棍《ちょうこん》と五寸程度の短棍《たんこん》を鉄環で結びつけた打撃用の木製短兵器である。長棍の棍先を両手に持って使用する。長棍が四尺(約121cm)以上あれば大哨子棍という。中国の文献にとき折「梢子」と書かれているものを見かけるが、本来は「哨子」と書くのが正しい。「哨」の字は、「曲がった、くびれた」という意味があり、棍が途中で折れ曲がった状態を表している。全く同様の武器が西洋にもあり、「ホースマンズ・フレイル」というが、これは片手に持って馬上で使用するものであり、中国の哨子棍とは全く使用法を異にしている。

現在でも中国の内陸部の小村へ行くと、この兵器を伝えている門派に出合うことができる。この兵器も、秘密結社の指標兵器として使われていた可能性があり、近年、日本へ大量に輸入されている。2本の短棍が同じ長さになれば「双節棍《そうせつこん》」となる。双節棍の場合、2本の棍のどちらを把持《はじ》しても使用できるが、哨子棍の場合には長棍しか把持することはできない。したがって攻撃に使うのは専ら短棍ということになる。双節棍の場合、棍を把持している自分の手を、打撃に使うもう一方の棍で打撲する危険があるが、小哨子棍にはその恐れはない。

振興社《しんこうしゃ》ではこの短棍が鎖分銅になった「双鏈《そうれん》」があり、またヨーロッパにも巨大な分銅をつけた同類の双短兵器がある。

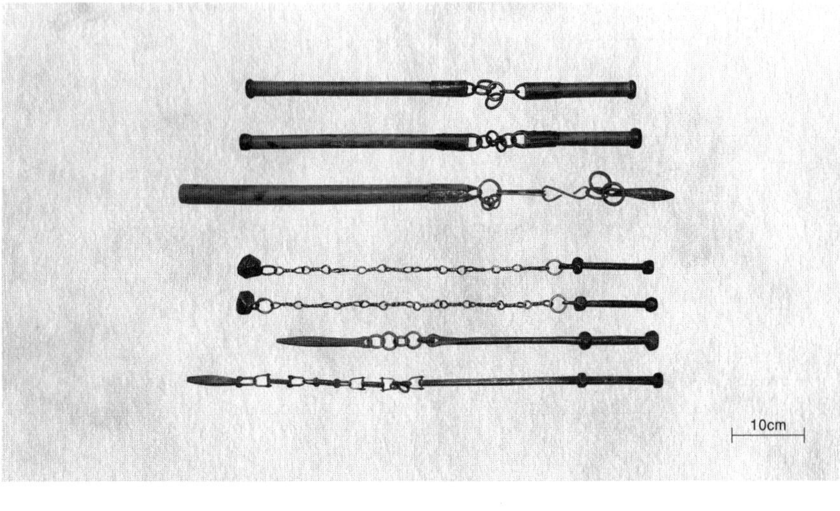

一　狂風掃地《きょうふうそうち》

棍で左面を打つのを左棍で叩き落とし、右棍で左足を払って倒し、左棍、右棍で倒れた敵を打つ。

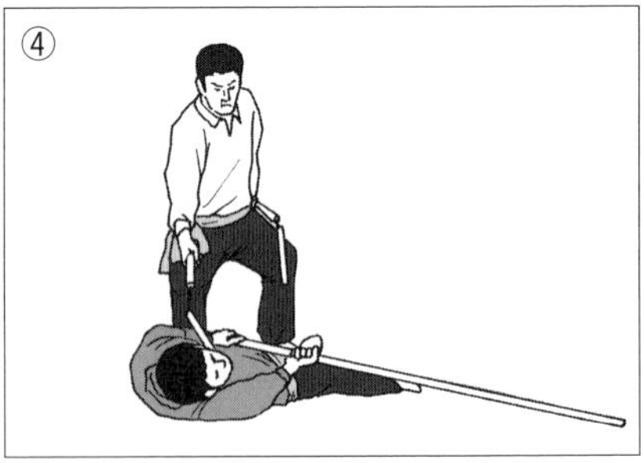

双節棍 ◉そうせつこん

長さ	一尺三寸(約39.4cm)程度の短棍を鎖で連結
間合い	中間

双節棍はブルース・リーによって世界的に有名になった打撃用短兵器。伝説では宋《そう》代の太祖・趙匡胤《ちょうきょういん》の創始といわれている。もともとの名称は長大なものが大盤龍棍《だいばんりゅうこん》(大掃子《だいそうし》)、小振りのものが小盤龍棍《しょうばんりゅうこん》(小《しょう》掃子《そうし》)と呼ばれ、2本の棍棒は長さが違っており、軍馬の脚を払うのに用いられた。

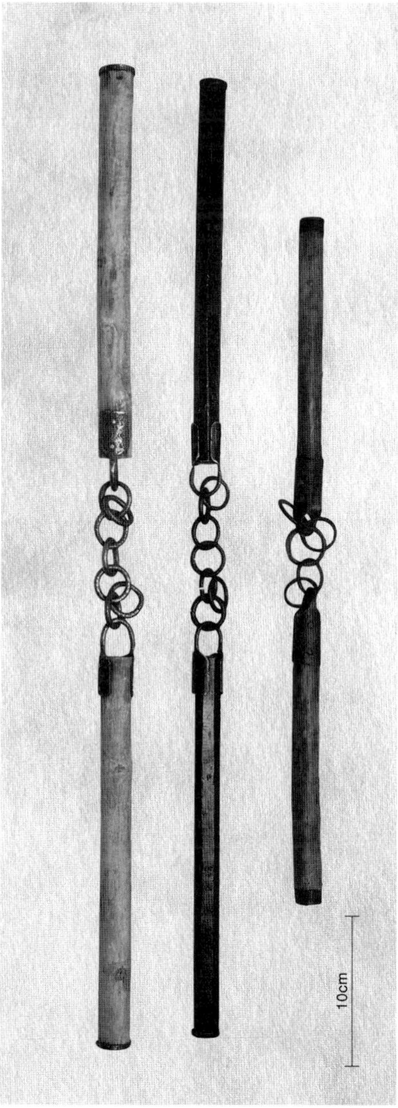

武術用として普及したものは、一尺三寸程度の2本の短棍《たんこん》を多節鞭《たせつべん》と同様の鉄環で連結したものが清《しん》朝からの古式であり、短棍は丸削りと八角削りの2種類がある。

日本では普通「ヌンチャク」と呼ばれているが、これは沖縄で同様の兵器につけられた名称で、双節棍の中国語読みが語源となっている。中国本土において、古式の套路《とうろ》を伝承している門派は至って少ない。

ちなみに、ブルース・リーが映画のなかで使っている双節棍の用法は、中国武術でも沖縄武術でもない。フィリピンに伝承している双短棒術のカリの操作をアレンジしたものであろう。

一　盤龍奪鎗　ばんりゅうだっそう

銀鎗　中段を突く。

双節棍　左に移動し、双節棍で柄を挟み、左足で敵の右膝を踏みつけて銀鎗《ぎんそう》を奪い、双節棍で敵を打つ。

三節棍 ◉さんせつこん

長さ	二尺～二尺五寸(約61～75.8cm)の棍を3本、鎖で連結
間合い	中間

三節棍は双節棍《そうせつこん》と同様に、宋《そう》代の太祖・趙匡胤《ちょうきょういん》の発明と伝えられ、初名を「蟠龍《ばんりゅう》棍《こん》」という。中寸の棍《こん》を3本、鉄環で連結した兵器。全長は七尺(約212cm)から八尺(約242cm)の長さになり、遠い敵を攻撃することが可能である。中国では双節棍より普及しており、「虎尾三節棍《こびさんせつこん》」(黄漢勛《こうかんくん》著『虎尾三節棍』に套路《とうろ》の解説がある)といった著名な套路がある。

攻撃方法は大別して3法ある。すなわち、中棍を把持《はじ》して左右両棍で攻撃する場合、中棍と端棍を把持して、残りの端棍で攻撃する場合、端棍を両手で把持して長く使用する場合の3法があり、敵との間合いにより、これらを自在に変化させながら攻防を行う。

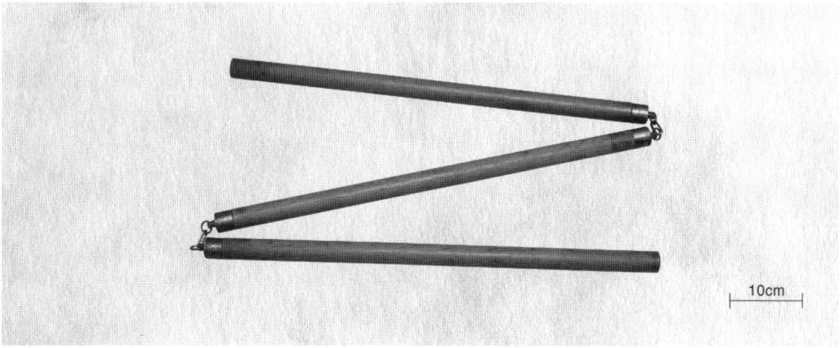

一 地蛇掃棍《ちだそうこん》

棍 左面を打つ。

三節棍 左右棍で受ける。

棍 右面を打つ。

三節棍 左右棍で受ける。

棍 正面を打つ。

三節棍 中棍で受け、左手を放して大きく三節棍を右に振り出して足を払う。

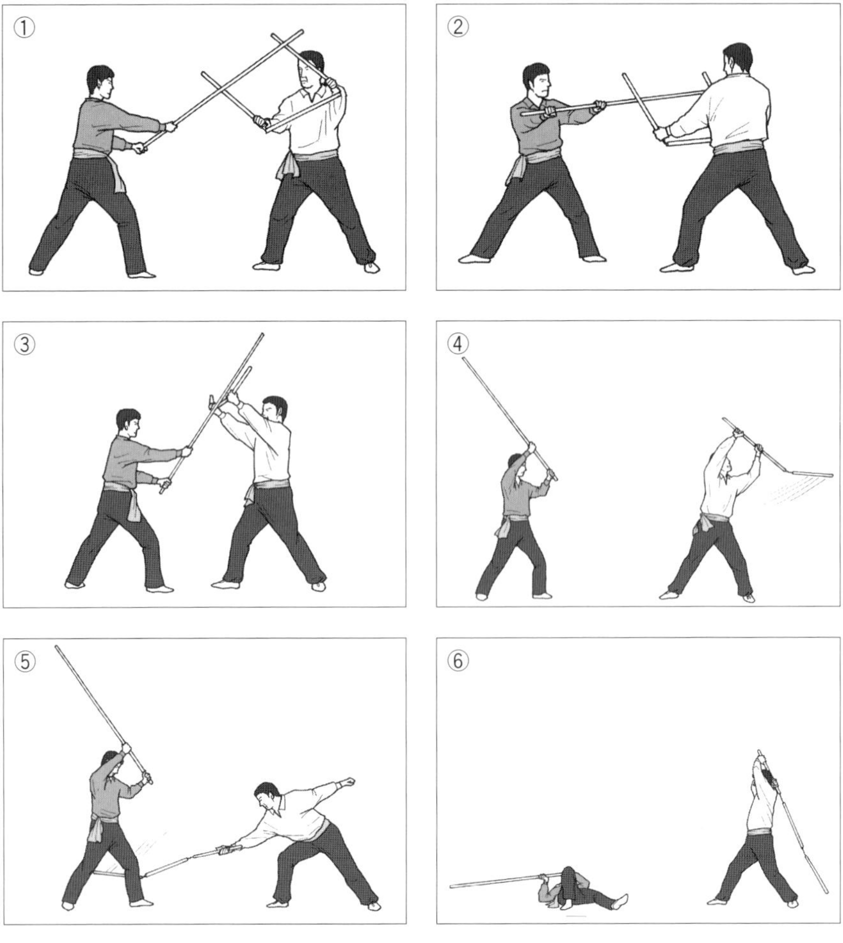

⑦

column

見せる技

近年、中国でも武術の競技化が進み、秘めた技から見せる技へと変質し、技術はますます派手になっていった。そうなると、演技は体操なのか武術なのか、わからなくなってくる。しかし、中国のいいところは、伝統派は伝統派として国家が立派に保存策を講じているところである。

ところが、この見せる技、実は伝統派のなかにもある。やはり武術は武芸であって、見た目にも人が驚き、感嘆するように工夫されている。その一例が長兵器の叉《さ》(鉄釵《てっさ》)を連続して空中に放つ「飛叉十七路《ひさじゅうしちろ》」である。この套路《とうろ》では、起式から収式まで一貫して叉を投げ続けるのである。明らかに実戦からはかけ離れているが、これもまた文化のひとつである。かのブルース・リーにしても、中国武術を紹介するのに非実戦的なヌンチャク(双節棍《そうせつこん》)のひとり舞いをスクリーンで世界に披露している。伝統の技法にあのような操作法は存在しない。

籐牌

◉とうはい

長さ	直径二尺～三尺（約61～91cm）
間合い	中間

籐牌は古代から伝わる攻撃性を持たない防御専用のための防具で、いわゆる盾の一種である。右手に短刀を持ち左手に籐牌を持つ。籐牌は肘を中心にして、前腕を時計の針のように動かして使用する。

籐牌は籐（ラタン）を編み込んだもので、軽量かつ強靭である。沖縄武道の「ティンベー」はこの籐牌が変質したものである。中国では籐牌を「ティンパイ」と発音する。同類の兵器に木製の「騎兵旁牌《きへいぼうはい》」がある。また、なぜか盾牌《たてはい》に属する防具は日本武術にはほとんど見ることがない。竹内《たけのうち》流に鍋蓋の術がある程度である。

主要な技法として騰《とう》（躍り上がる）、躍《やく》（跳ねる）、撲《ぼく》（叩く、飛びかかる）、滾《こん》（たぎる）、伏《ふく》（伏せる）、竄《ざん》（追い散らす）、踔《たく》（越える、飛ぶ）、蹲《しゅん》（しゃがむ）がある。

振興社《しんこうしゃ》の武術では、籐牌対籐牌、籐牌対単戟《たんげき》、籐牌対双戟《そうげき》、籐牌対鉄耙《てっぱ》、籐牌対銀《ぎん》鎗《そう》など、さまざまな対練の組み合わせがある。籐牌は現在、台湾でも入手が困難であり、わずかに鹿港《ルーカン》に商店がある。

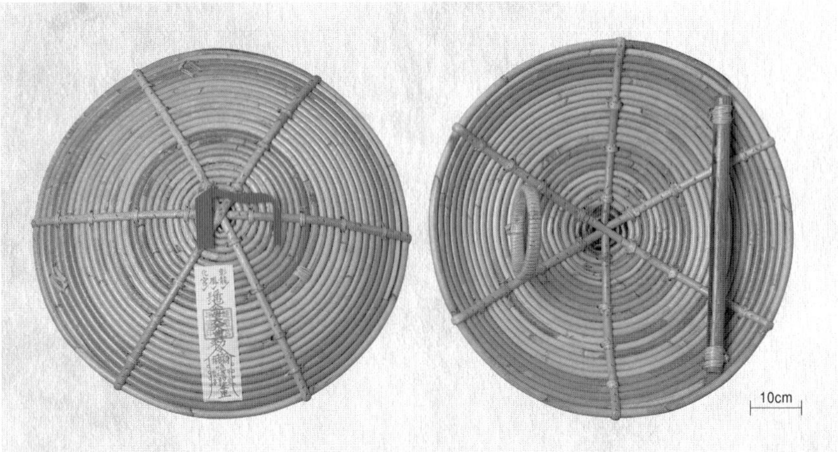

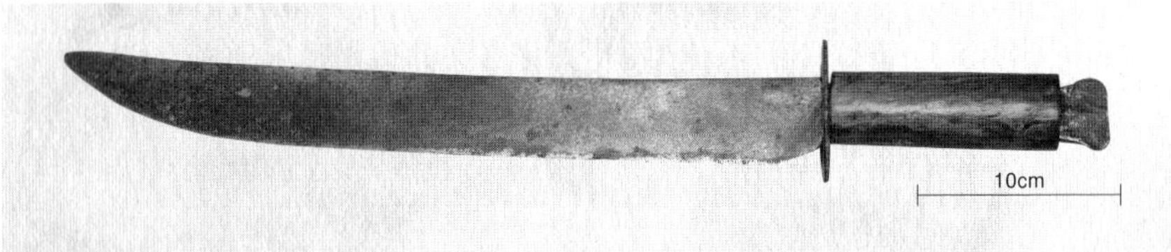

一 白馬跳河 はくばちょうが

銀鎗 右足を進め正面を斬り、左足を進め柄尻で下段を打ち、右足を進め正面を斬り、さらに下段を突く。

籐牌 上に受け、左足を引いて刀で下段を受け、右足を引いて上に受け、下に受ける。

銀鎗 右から左へ足払いして、右胴を斬る。

籐牌 足払いを跳ねて外し、籐牌で胴斬りを受け、後方に振り返りながら刀で右胴を斬る。

①

②

③

④

⑤

⑥

⑦

台湾武獅陣と日本の棒の手

台湾に伝承する武術の集団訓練法「武獅陣」と日本の民間に伝承する「棒の手」の類似性に言及する、世界初の論考である。

著者はこれまで多くの台湾武獅陣を台湾の現地で見てきた。武獅陣とは、現在の台湾中南部に伝承する武術の団体訓練法のことをいう。この武獅陣は日本では全く見ることができない。著者はその法を台湾で学び、かつ実際に武獅陣にも参加し、その法を完全に演出することができるが、最低でも数十人の青年を要するため、これを日本で行うことは大変に困難な仕事である。武器の調達にも多くの制約がある。

現在、日本に輸入され、日本で行われている中国武術は、全部個人練習用のものである。著者自身、大陸(福建・広東)の武獅陣については彼の地を訪ねたこともなく、その現状は知らないが、現在では台湾のほうが盛んではないかと思われる。

武獅陣には必ず獅子舞がつく。獅子舞は鼓楽に合わせて舞う。白鶴拳《はっかくけん》を含む武門では獅子ではなく、白鶴が舞う。演練はさまざまな陣を取り、鼓楽に合わせて兵器を使う。その合間に拳法や兵器の表演が入る。一度この勇姿を目にした者は、中国武術のパワーと、その高度に醸成された文化性の高さに度肝を抜かれる。著者が日本武術と中国武術を世界の二大身体文化遺産だと唱える所以である。

この武獅陣は、清《しん》朝の道光《どうこう》年間に台湾に伝えられ、伝統の根を張った。そして大陸以上に隆盛してきたのである。日本の江戸時代後期にあたる時代である。このころ沖縄から大陸に渡った人物が若干の拳法や棍法を学んで、これを沖縄に伝えた。しかし、それは個人修行であったために、武獅陣としては伝わらなかったし、清朝に対する意識が台湾とは全く違っていたのである。台湾で武獅陣を組織したのは、すべて天地会に連なる武闘集団であり、士気高揚が大きな結束要因になっていた。

明治時代までの沖縄空手は流派も拳門もなく、個人がいろいろな師に師事して断片的にその技術を学んだ。一応、地域に土着した「何々手」という大筋があるが、それらが流派として定着するのは広く日本へ普及されてからのことであり、さらに世界に普及するのは戦後の新時代に入ってからのことである。

台湾武獅陣の形態は、日本の各地に伝承する棒の手と演線形式や共同体観念が全くといっていいほど酷似している。両者の関係こそ、これから著者が解明していかなければならない大きな課題である。なぜならば、これまでこの両者の類似性を指摘した研究家はひとりも存在しないからである。日本の武士が修行した個人武術と、農民が祭礼で披露した棒の手には大きな差異があり、ある意味では別物といっても過言ではない。同じように、中国でも主として北方に伝わった個人拳法と、南方に伝わった団体拳法では実に大きな違いが存在する。その拳法だけを抽出して論じても、それは文化としての相似性を論じていることにはならないのである。

1 所産
中国北方の拳法や日本武術は個人の所産であるが、南方の拳法や棒の手は地域的集合体の所産である。

2 伝承
その結果、北方系や日本武術は個人単位で伝承できるが、南方系や棒の手は集団でなければ伝承できない。

3 表演
表演(発表)の場は北方系や日本武術は秘密性が強かったが、南方系や棒の手はいずれも祭礼で行われ、奉納形式を持っており、一般公開されてきた。

4 稽古
北方系や日本武術が年中稽古をしているのに対して、南方系や棒の手は祭礼の前2週間程度、毎夜連続して集中稽古をする。

5 獅子
南方系と棒の手には獅子舞が付随する。北方系や日本武術には獅子舞がない。

6 楽器
南方系と棒の手は楽器の演奏に合わせて演技を行う。楽器の種類は相違する。北方系や目本武術には楽器はつかない。

日本の獅子舞はもちろん中国からの輸入である。中国では唐《とう》代に百戯のひとつとなり、「五方獅子舞」といわれた。これが日本に伝わって舞楽として演奏されているうちに、太神楽《だいかぐら》などで悪魔払いや豊作の祈祷として民間に定着した。また、棒には古来、神秘的な纏《まつ》わりがあり、これを交差させることは悪魔払いになるといわれ、御輿の渡御によく見られる。この棒が武術流派成立期に棒術として形式化され、一方では民間において獅子舞と合体し、またこれに武術的な要素が加味されて棒の手となったと見ることができる。この棒の手は薩摩から沖縄、果ては与那国島まで伝わった。

現在行われている棒の手の形式は、著者の管見では中国南方の武獅陣が長崎経由で日本全土に波及したものと思われる。中国の武獅陣がいつごろ発生したかは定かではないけれども、その獅子舞が武術と一体になったのは、やはり清朝の成立(1616年)以降であろうと思われる。日本の棒の手の秘伝書のなかには戦国末期から江戸初期にまで流儀を遡ると記すものもあるが、それはまだ棒の手が武術であった時代のもので、現今の棒の手の形式が、その時代に確立されていたということではない。

棒の手が特に盛んな県は、鹿児島、宮崎、大分、長崎、高知、岡山、愛知、埼玉、千葉、栃木、福島となっている。これらの県の共通因子を何か発見できれば、この考察も一層充実するものと思われる。特に愛知県の隆盛ぶりは普通ではない。その隆盛がどのような理由によるものかは未解明である。

Index

索引

※太字は本文で項目として取り上げているページ。

あ

か

さ

た

な

は

ま

おわりに

私が武術を修行する目的は人を傷つけるためではない。もちろん武器の使い方を書籍で公開するのは、戦いを奨励するためではない。先人が築き上げてきた戦いの英知を、文化として保存継承するためである。武器の使い方などいくら覚えても、現代社会でそれが実用的なものとして認知されることは皆無である。

江戸時代の日本武術や清朝以前の中国の古典武術は、実戦を超越した精神文化である芸術としての昇華に成功した。この昇華が西洋にはなかったのである。日本人が目の前にある宝物に気づかない間に、それらはどんどんと欧米に流れている。

私の武術のスタートは中国拳法であり、日本柔術である。最初に入門した道場がほとんど武器術を教授しなかったこともあるが、もともと徒手武術に強い興味と憧れを抱いていたから、それで十分満足でもあった。しかし、ある程度徒手武術を習得してくると、武術に対する考え方そのものが変わってきた。武術家として武器が扱えないのは誠に恥ずべきではないかと。剣術を修行したことのない者が、真剣白刃取りを行うのは言語道断ではないかと。

そこで、まずは力信流の棒術と剣術を学び、続いて穴澤流薙刀を学んだ。三十路を過ぎてからも兵法二天一流、神道無念流居合、天道流剣・鎖鎌・杖と次々と学んだ。この修行時代は私の人生で最も充実していたときである。とにかく武術を学ぶのが楽しくてしかたがなかった。自動車で日本国中を走り回って修行した。今はそんな人はいない。

今や日本の武術界は他流の誹謗中傷どころか、同じ流派内でさえ醜い対立が繰り広げられている。本来武術界には存在しない宗家などを安易に名乗るから争いになる。時代考証家の故名和弓雄氏は私の論文を読んで、真っ先に自己の流派の宗家を撤廃した。全国で宗家を名乗っている人たちのなかでただひとり、自己の過ちに気づき、勇気のある決断をなされた方である。正しい認識に立って武術を継承していくのも難しい時代になった。

著者略歴

小佐野淳（おさの　じゅん）

山梨県富士吉田市出身。東海大学政治経済学部卒。高等学校教諭となり、現在に至る。国際水月塾武術協会（ISBA）・台湾彰化縣振興社金鷹拳協会日本分会・日本総合武道研究所を主宰。著書多数。

武術歴

柳生心眼流兵術、大和道、中国武術を神奈川県の西郡多喜雄師範に学ぶ。
柳生心眼流兵法術を東京都の島津兼治師範に学ぶ。
浅山一伝流柔術を宮城県の佐藤泰師範に学ぶ。
力信流棒剣術を静岡県の美和靖之師範に学ぶ。
穴澤流薙刀を埼玉県の五十嵐きぬ師範に学ぶ。
渋川一流柔術、浅山一流棒術を広島県の谷田朝雄・畝重實の両師範に学ぶ。
柳生心眼流兵術を宮城県の武田軍虎・遠山国男・奥山清太郎の各師範に学ぶ。
神道無念流立居合を青森県の小瀬川充師範に学ぶ。
兵法二天一流、新免二刀流剣術を長野県の荒関富三郎師範に学ぶ。
天道流武術を和歌山県の阿部豊子師範に学ぶ。
柴真揚流柔術を香川県の町川清師範に学ぶ。
台湾彰化金鷹拳を彰化市在住の数名の教練に学ぶ。

昭和57年、水月塾を設立し、道場制定形を編成して後進の指導に当たる。平成14年、団体名を国際水月塾武術協会と改め、ドイツに海外本部を置いて伝統武術の国際的普及に乗り出す。

図説　武器術

ずせつ　ぶきじゅつ

2007年4月3日　初版発行

著者　小佐野淳

編集　新紀元社編集部／堀良江

発行者　大貫尚雄

発行所　株式会社新紀元社

〒101-0054　東京都千代田区神田錦町3-19
楠本第3ビル4F
TEL 03-3291-0961
FAX 03-3291-0963
郵便振替　00110-4-27618

カバーイラスト　寺田克也

本文イラスト　福地貴子

撮影　大塚成一

デザイン・DTP　株式会社明昌堂

印刷・製本　東京書籍印刷株式会社

ISBN978-4-7753-0509-6
定価はカバーに表示してあります。
Printed in Japan

■新紀元社のホームページアドレス
http://www.shinkigensha.co.jp/